ブライアン・トレーシー
片山奈緒美＝訳

# 逆転の時間力

## 無理なく成果が出るムダゼロ仕事術

ヴィレッジブックス新書

TIME POWER: A Proven System for Getting More Done in Less
Time Than You Ever Thought Possible by Brian Tracy

Japanese translation published by arrangement with AMACOM,
a division of the American Management Association,
International through The English Agency(Japan)Ltd.

目次

# 第1章

# つきあいも仕事のうち！は、大まちがい。

# 仕事中のコミュニケーションはほとんどが時間の無駄だ！

1日の労働時間のほとんどは、他人との交流によって成り立っている。そして、実はその時間の大半は、仕事とは直接関係のない無駄なおしゃべりに費やしているのである。つまり、この時間を大幅に短縮し、かつ効率的にすれば、仕事の処理能力も格段にアップするのである。

## 「電話」「来客」「会議」……7つの「ゴミ時間」を減らそう

何かを成し遂げるには時間が必要だ。充分な時間を手に入れるためには、無駄な使いかたをしている時間を節約しなければならない。多くの研究や世論調査によると、ビジネスの世界には時間の無駄が7つあるという。この無駄を効果的に処理する能力が、仕事上の成功を大きく左右する。どんな無駄があるのか、あげてみよう。

**●時間の無駄1……電話**

電話の呼び出し音で思考の流れが断たれ、作業から気がそらされる。電話を切ったあとも、たいていは集中力を失い、目の前の仕事に戻ることが難しい。

**●時間の無駄2……急な来客**

作業の急な中断で効率が落ちる。

**●時間の無駄3……会議**

仕事の時間の40%またはそれ以上を浪費している。ほとんどの会議は不必要で、時間の無駄でしかない。

**●時間の無駄4……事故への対応**

大きな時間の浪費（つまり時間の無駄）に、事故や緊急事態などの処理があげられる。仕事に集中しているときに予期していなかった事態に陥り、ときには何時間も本来の業務から遠ざかってしまう。

**●時間の無駄5……先延ばし**

問題の先延ばしは時間泥棒だ。だが、あらゆる場面で先延ばしの傾向が見られる。

**●時間の無駄6……人づきあい**

人づきあいは膨大な時間を必要とする。就労時間の75%ほどが他人との交流に費やされている。残念ながら、その時間の半分は仕事に関係のないくだらないおしゃべりである。

**●時間の無駄7……優柔不断**

優柔不断は余計な作業を生みだし、自分や他人の時間を無駄にする。

この章では先延ばし以外の、時間の無駄に対処するための方法を学ぼう。電話、急な来客については、章末の実践テクニックを参照してほしい。先延ばしについては第2章で論じる。

## 「ゴミ時間」を排除すれば、充分な時間が手に入る

会議も時間の浪費である場合が多い。労働時間のほぼ半分が、グループ会議や1対1の打ちあわせに費やされている。このうち少なくとも半分は無駄だ。つまり、すべての労働時間の25％を会議や打ちあわせで無駄遣いしていることになる。会議自体は悪いことではなく、情報を交換し、問題を解決し、プロジェクトの進捗《しんちょく》状況を見直すために必要なビジネスツールだ。だからこそ効率よく時間を管理しなければならない。

歴史上の偉大な指導者たちは共通して、将来起きるかもしれない困難のすべてを予測した

うえで計画を立てた。そのため、よくないことが起こっても、すばやく行動する準備ができていた。

どんな会社や組織も、危機は避けられない。しかし、周期的にあるいは何度も危機的状況に陥っているのだとすれば、管理が不充分で、非効率的な組織だといわざるを得ない。もし過去と同じような危機が発生したときには、一歩うしろに下がって自分のやりかたをよく考え直し、二度と起きないように必要な手段をとらねばならない。

緊急事態が発生したときの対応策には次のようなものがある。

**行動する前に問題点をはっきりさせよう。**無計画な行動は、すべての過ちの原因になると覚えておこう。深呼吸して心を落ちつかせ、客観的な目で見つめ、行動する前に問題点を明確にしよう。

**適任者がいれば責任をゆだねること。**もし危機を処理する責任をほかの人にゆだねられるのなら、必ずそうしよう。その状況を処理するのは、自分よりもその人のほうが適しているかもしれない。

**まず紙に書いて客観的になる。**どんな危機でも、それに対処する前に紙に書くことだ。問題点を書きとめれば、冷静で客観的になれる。行動する前に、起きてしまったことを正確に書こう。

**事実をはっきりさせること。**「何が」「いつ」「どこで」「どんなふうに」「なぜ」起きたのか、「誰が」関係しているのかを確認しよう。事実を多く収集するほど、実際に行動を起こしたときに問題を処理できる可能性が高くなる。

**再発を防ぐための方針を立てよう。**何度も同じ問題が起こり、その状態を事前に回避できない場合、自分が留守でもほかの誰かが処理できるように方針を立て、危機管理のためのシステムを開発しておこう。

また、人づきあいも仕事の世界では大きな時間の無駄になりがちだ。過剰な人づきあいは、キャリアにとってもマイナスである。過度な人づきあいに陥るのを防ぐためのアイデアを紹介しよう。

社交はコーヒーブレイクや昼食のあと、勤務時間後にすると決めよう。勤務中、仕事とは関係のない会話をしていると気づいたときはいつでも、「仕事に戻れ」と自分にいおう。おもしろいことに、これを何度もいっているとほかの人もあなたと同じように仕事に戻るようになっていく。

仕事でのおもな時間の無駄には、優柔不断や不適切な意思の決定も含まれる。これらは莫《ばく》大《だい》なコストと時間のロスを生む。基本原則として、意思決定の80％は問題が発生したときにすぐに判断されるべきである。残り20％のうち、15％のみが決定を後まわしにしてよく、残りの5％は決定する必要がないものなのである。

無駄を減らすためにも、ものごとを決定するときの形をいくつか把握しておこう。
まずは、ほかの誰にも決められない決定だ。自分だけの責任で決められ、また、決めなければならないもの。この決定は避けられない。
また、いくつかの決定は、ほかの人が決めることができる。他人にゆだねられるものは他人にまかせよう。人材を育てるのにいちばんいい方法のひとつは、重要な決定をさせることだ。

さらに、企業を倒産に追いこむなど、結果の悪影響があまりに大きすぎ、自分では決められない決定がある。自分では負いきれないものは個人では決めないこと。このような決定はしないようにしよう。

最後に、どうしても決定するのを避けたり、遅らせたりすることができない、やむをえない場合の決定もある。

時間の無駄をなくすための、適切な意思決定を助ける4つのアイデアがある。

**①可能なときはいつも、誰かに意思決定をまかせよう。** いったん特定の分野で自分が決定すると、いくつか関連した分野でも決定しなければならなくなる。できることなら、ほかの人に決定をゆだねよう。

**②すぐに意思決定できない場合には、期限を設定しよう。** たとえば、誰かが来て自分の返事を必要としたときに、情報不足ですぐに返事ができないときには、「今すぐ返事はできない。

木曜の正午までに返事をする」というように回答しよう。

**③とにかく事実をはっきりさせよう。**正確な事実と情報が充分手に入ったなら、意思決定をもっと簡単に、もっと効果的にできる。

**④思いきって前進することも必要だ。**ときには、意思決定に度胸が必要となることもある。すべての決定には、ある程度不確実なところがあり、どんな決定でも失敗する可能性はある。だが、成功の保証がないときには決断しないとなると、人生において前進するのは不可能だ。成功した指導者や管理職は皆、断固とした意思決定をした者である。実際、決断力がなく優柔不断で成功した人物は想像できないだろう。

自分の仕事や家庭生活から、大きな時間の無駄を減らしたり、排除したりして、時間を増やす方法を頻繁に探してみよう。そうすれば、目標に向かって働くための充分な時間が手に入るようになる。

**限られた目標にエネルギーを集中することが、人生をもっとも活力のあるものにする。**
**——ニド・キューベイン（コミュニケーター）**

**自分の思考すべてを生活のなかで最大の欲求に集中させよう。そして、途切れることなくその状態を保たなければならない……毎分、毎時間、毎日、毎週。**

**——ポップルストーン**

## 無駄な電話につきあわずに済む 7つのアイデア

●**アイデア1 ビジネスツールとして電話を使う** 用件をすばやく話して切ろう。仕事中は電話を社交には使わず、できるだけ効率よく電話をかけよう。

●**アイデア2 自分あての電話を選ぶ** まわってきた受話器をとる前に、誰がかけてきたのかを確かめ、話したくない相手ならとらない。

●**アイデア3 電話をつながない** 可能なら1日のうち一定時間、電話に邪魔されない時間を設定しよう。大切な仕事をしているときは、電話回線の接続や取りつぎを切ってもいいだろう。

●**アイデア4 折り返し電話の時間を決める** 電話をかけて相手がいなかったとき、折り返し電話をもらうのに都合のいい時間を伝えよう。自分が電話に出られないときは、折り返しの電話をかけてもいい時間を、電話を受けた人に聞いておいてもらおう。

●**アイデア5 電話はまとめて処理する** 学習曲線が示すように、作業は分散させないで、一気に行なったほうが効率がよい。昼食前、あるいは終業前の30分に一挙に処理しよう。

●**アイデア6 事前に話す内容を準備しておく** 仕事の電話を会議だと考え、話したい内容のメモをつくっておこう。

●**アイデア7 電話での会話を正確にメモにとる** メモ用紙とペンを用意せずに電話に出ないようにしよう。数字、時間、日付、金額、そのほか電話で相談したことを書き残そう。

## 急な来客につきあわずに済む　4つの対処法

**●対処法1　予定外の来客を見たら急いで立ちあがろう！**　歓迎しない客がオフィスに入ってきたら、すぐに立ちあがろう。まるでちょうど外出するところだったかのように机から離れ、「やあ、今出かけるところなんだ。そこまでいっしょに行こう」といおう。そして、客が去ったあと自席に戻るのだ。

**●対処法2　立ちあがって議論を終わらせよう！**
話しあいが長引いたら「あとひとつだけ話があるんだ」といってそれからの会話を最後のひとつにしてしまおう。そして立ちあがり、客を扉に導く。思いついた話題で会話を終わらせて、握手をして仕事に戻ろう。

**●対処法3　具体的な時間を取り決めよう！**
客との急な打ち合わせを効率よく処理するために、客にも自分にも都合のよい打ちあわせ時間を具体的に決めておこう。

**●対処法4　他人の時間も無駄にしないこと！**
約束もせずに誰かを訪ねないように注意しよう。もし急に誰かを訪ねたときは、「今、都合はいいですか？　それとも出直したほうがいいですか？」と相手の都合を尋ねよう。

## 無駄な会議につきあわずに済む７つの方法

**●方法1　会議をひらかない**

多くの会議は不必要である。印刷物を回覧したり、電話会議に切り替えたり、個別に打ちあわせたりするだけで用が足りる場合もある。べつの会議と合同にしたり、次の機会まで延期してもいい。不必要な会議はひらかず、重要な会議に思えた場合も、自分が出席する必要があるかどうかを考えよう。

**●方法2　議題を書きだしておく**

会議の目的をはっきりさせ、あらかじめ議題を短く書きだしておこう。議題または会議で取り扱うテーマをすべて表にして、詳しい内容を報告する担当者の名前を各項目の横に併記しよう。できれば、遅くとも24時間前には会議の参加者に議題を配布するべきだ。そうすれば、参加者各人は何を期待されているのかがわかる。

**●方法3　時間どおりに始めて時間どおりに終わる**

会議の開始と終了の時間を遵守しよう。遅刻者を待たず、予定していた時間に会議を始めよう。

**●方法4　最重要事項を最初に扱う**

議題を作成するとき、80対20の法則を適用しよう。上位2割の事項がはじめに討議されるように議題を準備しよう。この方法だと、もし時間がなくなっても、終了時間までに80％の重要性を持っていた議題が話しあえる。

**●方法5　結論を要約してから会議を終える**

議題の項目を議論したら、結論を要約して終わろう。次の議題へ移る前に、各項目ごとに同意をとり、決定事項や合意事項をもう一度確認しよう。

**●方法6　同意を得たら責任を与えて期限をもうける**

話しあいに結論が出たら、同意を得た活動に対して責任を与え、期限をもうけよう。責任を割りあてず、完了の期限がない討議や同意は、ただの雑談である。誰が、何を、いつまでにするのかを明らかにしよう。

**●方法7　議事録を回覧して誤解を解く**

会議から最大限の効果を得る秘訣は、正確な記録をとり、会議終了後なるべく24時間以内に議事録を回覧することだ。これによってさまざまな誤解を解決し、会議で同意した業務責任と期限を確認できる。

# 第2章

# 大事なのは早さじゃないんだよ！ は、大まちがい。

# 仕事をしっかり期限内に完了させる人こそ、会社や顧客にとって有益！

現代人にとっていちばん不足しているのは、時間である。誰もが不足しているからこそ、自分の時間を少しでも節約してくれる人間には、高い評価や賃金を支払うのだ。つまり仕事を早く処理する能力こそ、成功への大切なはしごなのである。

## 「期限」の先延ばしは時間泥棒だ

やるべきことを先延ばしにするのは時間泥棒だ。先延ばしする傾向のせいで、多くの人は単調で絶望的な生活を送っている。先延ばしとは反対に、体のなかのギアを入れて仕事にすぐに取りかかるための緊迫感は、いちばん強力で大切な要素である。

ある調査で選択肢として50の資質をあげ、若い社員が社内で早く昇進するにはどの資質がもっとも重要かを最高経営責任者（ＣＥＯ）に尋ねた。すると、80％以上のＣＥＯが、あるふたつの資質が重要だと意見を一致させた。

ひとつ目は**「関連性のあるものとないものとを分ける能力」**だった。これは時間を使うときに優先度を設定する能力になる。組織にはあまりに多くの人が属していて、優先順位の低いことに時間をたくさん使いがちである。

ふたつ目の資質は**「仕事を早く処理する能力」**だ。躊躇《ちゅうちょ》したり遅れたりせずに、先手を打って業務を進める能力ともいえる。大切なのは行動を起こすことなのだ。

会社員か自営業で販売の仕事をしているとしよう。**仕事が早くて頼りになると評判になれば、成功や昇進や金持ちになれるかどうかを心配する必要がなくなる。**重要なことを区別できて仕事を早く終えられるようになったとき、成功もチャンスも自分の手中にある。現代の労働者にいちばん足りないものは時間である。誰もが時間不足に悩まされている。金はあっても、それを使う時間がない。そのため多くの人にとって、高い賃金よりも自由な時間が重要なのだ。

最近では、企業は時間を節約している人や労働に対して、高い賃金を払うようになっている。注文への対応の早い業者を高く評価する。また、急いで行動する人は、ゆっくり行動する人よりも知的だと思われている。

ほとんどのビジネスの契約書の結びの条項のひとつに、「この契約において期限は重要である」と記される。今日、期限はわたしたちの活動すべてにとって重要だ。ものごとを先延ばしする傾向を克服することは、成功のはしごをのぼるためのとても大切な手順である。この能力がないと成功は難しい。でも幸いなことに、先延ばしする傾向は克服できる。

## 心構えひとつで、先延ばしは克服できる

先延ばしを克服する心構えを持つだけで、先延ばしのくせは減っていく。**自分にとってやりがいのある、達成したいと強く思う目標を設定しよう。**すべての欲求には動機が必要だ。先延ばしのおもな原因は、仕事の開始から完了まで、働き続けるための特定の目標がないことにある。今自分たちが取り組んでいることにやりがいを感じられないと、作業の遅れや作業開始を延期することのいいわけにしがちだ。この傾向に対抗するために、動機づけとして目標を設定しよう。目標が多いほど、やらなければならない業務を先延ばししなくなり、限られた時間に責任を果たすために急いで行動し、効率よく働くようになる。**自分の業務が完成した姿をたえず想像しよう。**業務を完了したときの満足感を想像してみよう。そのときの気持ちがすばらしいほど、より仕事に集中し、精力的に取り組めるだろう。

理想の将来像のイメージをはっきり思い描き、自分自身の意欲を強く刺激しよう。

**すべての重要な業務について、自分で期限を決めよう。**ほかの人の前でいつまでに仕事を仕上げるのかを宣言しよう。他人に約束することで、やる気も出る。明確で具体的な期限を定め、自分の潜在意識に業務や目標を組み入れよう。そうすると、仕事をやり遂げる意欲が内面からわいてくるだろう。

**先延ばしのいいわけはしないこと。**仕事を先延ばしするときには、必ずそれを正当化しようとするものだ。正当化は、いい逃れであり、非生産的な行為へのいいわけでしかない。いいわけというわがままを自分に許してはいけない。期限までに業務をまっとうさせることに専念し、後戻りできない状況をつくろう。仕事が完了しないこともあると考えないようにしよう。絶対に正当化する理由を探してはいけない。

**仕事の各部分をうまくやり終えたら、すべて滞りなくやり終えたときと同じように、自分に報酬を与えよう。**この報酬が自分自身への励ましにつながる。成功のための秘訣は、よい習慣を育て、極めることだ。前向きなことをしたらいつも自分に報酬を与えて、仕事の先延ばしをしない習慣をつけよう。

報酬といっても、コーヒーブレイクや、立ちあがって歩きまわるとか、昼食に出るなどの、単純なことでかまわない。好きなものを買うとか、外食するとか、配偶者や家族と旅行にいくなどでもいい。自分への報酬のシステムをつくり、ある部分を終えるまでは報酬を与えないというルールを守ろう。そのうちに業務や責任への意欲がわき、業務の難しさよりも報酬を得る喜びに関心が移るだろう。

仕事を先延ばしする習慣を打ち破るには、度胸と自分のコントロールが必要である。しかし、先延ばし傾向を克服して有能な人間になれば、今想像しているよりも多くの仕事を成し遂げられるはずだ。先延ばしせずに、今すぐ行動を起こそう。

集中……それはすばらしい業績を手にするため、ひとつの目標を持つ人のためにある。その精神世界を引き裂く力はほかにない。

――オリソン・スウェット・マーデン（アメリカ成功哲学の父）

ともかく目標はひとつにしよう。論理的で有益な目標を持ち、それに完全に集中しよう。

――ジェームズ・アレン（著述家）

## とりあえず仕事が早くなる 16のアイデア

**●アイデア1 紙に書いて考える**

あらかじめ仕事の手順をすべて一覧にまとめよう。作業に取りかかる前に、仕事を内容ごとに分けよう。

**●アイデア2 仕事を始める前に必要な材料と道具をすべて揃えておく**

一度机に向かったら、仕事が終了するまで立ちあがったり動いたりしないように、すべて揃っていることを確認しよう。

**●アイデア3 小さなことから始める**

優先順にひとつずつ仕事をこなしていけば、けっきょく最後まで成し遂げられるだろう。

**●アイデア4 仕事は「サラミのスライス」である**

サラミのかたまりすべてをすぐに食べないのと同じように、はじめからぜんぶの仕事に取りかかってはいけない。ちょうどサラミのスライスを1枚とって食べるように、まず小さな一部分を取りだして完成させよう。

**●アイデア5 スイスチーズ・テクニックを実践する**

スイスチーズのかたまりには多数の穴があいている。仕事をスイスチーズのかたまりだと思って、穴をあけよう。細切れの時間も使って少しずつ穴をあけていけば、しだいに穴が増え、いつしかチーズのかたまりは消えてなくなる。

**●アイデア6　はじめにあまり重要でない仕事の外壁作業から終わらせる**

はじめに小さな作業をすることによって仕事の先延ばしを克服するのを助け、大きな仕事に手をつけられる。

**●アイデア7　はじめに仕事の核となる重要な作業をやり遂げてしまう**

これは6番とは正反対の方法だ。やるべきことのリストを見つめ、そのなかでもっとも時間がかかる難しい作業から始めよう。それを完了するまで働き続けると、そのほかの残りの作業は簡単に思えるだろう。

**●アイデア8　不安や心配のある仕事からやる**

ときには失敗したり他人に拒絶される恐怖を克服しなければならない。売上げの予想や従業員の解雇など、精神的な苦しみや恐れの原因となる仕事をはじめに終えてしまえば、精神的に楽になり、ほかの仕事を完了できる。

**●アイデア9　1日をいちばん嫌な仕事から始める**

すると、その日の残りの仕事はより容易になる。

**●アイデア10　仕事をしないことや業務を完了しないことの影響について考える**

利益への欲求と業務終了の報酬で、自分に意欲を起こさせることができるものだ。ときには、予定どおりに仕事をやり遂げなければ何が起きるのかを考えることで、業務完了の動機づけができる。

**●アイデア11　仕事の完了による利益を考える**

期限までに業務を完了させる理由があるほど、仕事をやり遂げる意欲が大きくなるだろう。

**●アイデア12　1日15分だけ時間を確保する**

その間、ほかのことをせずにひたすら特定の仕事をしよう。業務を終わらせるというのはこの繰り返しである。

**●アイデア13　完璧主義にならない**

完璧主義は仕事の先延ばしの主因のひとつである。完璧を追求せず、着々と仕事を進めよう。

**●アイデア14　先延ばしが原因で損失が出ている分野を選びだす**

もっとも重要な分野での先延ばしを克服することが、自分の成功に大きく貢献する。

**●アイデア15　仕事を完了させたいという強い欲求を育てる**

いったん重要な仕事に取りかかったら、最後までやり遂げるように訓練し、仕事を完了したときの満足感を自分に経験させよう。

**●アイデア16　速いテンポを維持する**

意識的にあらゆる行動をスピードアップすれば、仕事も多くをこなせるようになる。

## すぐに仕事に取りかかるための5つの準備

**●準備1　細かい行動計画を立てよう！**

優先順に整理した計画と手順を、項目ごとにはっきりと紙に書こう。それぞれの段階の目標を細かく項目分けしてリストにすると、はじめのひとつを実行するのが簡単になる。

**●準備2　仕事場を整理整頓しよう！**

きれいな仕事場は働く意欲を生みだし、次の業務に集中することができる。

**●準備3　重要な仕事と急いで処理する仕事を分けよう！**

緊急度が高く、かつ重要な仕事から取りかかろう。次に急ぎではないが重要な仕事に取りかかろう。

**●準備4　一番重要な仕事から取りかかろう！**

重要な仕事は将来の評価につながる。これをうまくやり終えれば、あなたの人生は大きく変わる。

**●準備5　例外的に先延ばしすべき仕事もある**

重要で価値のある目標を達成するために、ほとんど役に立たない業務の引き延ばしを意図的に行なうことが必要になる。仕事をすべてこなすのは困難だ。ある仕事を完了しなくても問題がないと思ったら、それは先延ばししてもかまわない仕事である。

# 第3章 夢は、心のなかにしまっておくものだ！は、大まちがい。

# 夢は具体的な目標にしなければいつまでも実現しない！

成功するためには、まず夢を具体的にした「明確な目標」を持たねばならない。また、その目標をしっかりと文章にすることが大切である。実際に目標を紙に書くことによって、潜在意識を活性化させ、無意識のうちに力を引き出すのだ。目標を設定しさえすれば、あとは達成に向かって行動するだけなのである。

## 1枚の紙とペンがあれば、劇的な変化が起きる

目指す目標を紙に書こう。こうして目標を明確にしている人は、企業人の3％足らずだという。そういう人はどの分野であれ、もっとも成功をおさめている。定期的に目標を見直している人は1％にも満たない。そして自分の目標を持っていなければ、一生他人に仕えるしかないということを覚えておこう。

成功の秘訣は目標の設定である。明確に、体系的に目標を設定し、達成のための計画を立てる能力は、そのほかのどんな技術よりも、成功と幸福をつかむ助けとなる。

**目標の設定には、1枚の紙とペンさえあればいい。目標を文字にするだけで生活は変わり、ときには、劇的な思いもよらない変化が訪れる。**

目標を紙に書くことで、その目標が潜在意識にプログラムされる。潜在意識が意識を超えた部分と組み合わさり、1日24時間、たとえ眠っているときでも、意識が目標に向かうよう

になる。自分の目標と調和する人や環境を、自分の生活に呼びこめるようになってきて、さらに助けになるアイデアや洞察が得られ、問題解決に結びつく記事や書物と出合うようになる。エネルギーの流れや興奮が自分を前へと駆りたてるのを感じられるようになるのだ。

劇的な変化を起こす明確な目標を設定するには、4つの原則がある。

はじめに、**大志を抱くこと。**まず夢が大きくなければ、可能性をとことん現実化させる動機づけや刺激には結びつかない。想像力やエネルギーを解き放ち、目標へ向かう過程で降りかかる困難や障害を克服する気力も生まれない。意欲を持ち続け、日々努力することもできなくなる。自分が何をしたいかを完全に理解すれば、成し遂げられないものは何もない。そう考えて目標を設定しよう。

**きっぱりといいきる目標を持つこと。**目標は、いいきった形で紙に書こう。「わたしは体重を60キロにする」「わたしは年間10万ドル稼ぐ」というように。すべて「わたしは」という主語で始め、動詞で締めくくる。これが潜在意識を活性化させ、意識を超えた力を引きだす近道となる。目標を1日の始まりである朝に毎日書くと、精神的なパワーが活性化される。

定期的に目標を確認する作業も怠ってはいけない。

**生活の3つの重要な分野でバランスよく目標を立てること。**ひとつ目はビジネスや経済面での「What（何を）」の目標だ。何を成し遂げたいのか、いつまでにどれだけ稼ぎたいのかを明確にする。ふたつ目は個人的なこと、家族や健康についての「Why（なぜ）」の目標だ。幸福や暮らしの快適さを決定する目標であり、「What」の目標を目指す理由にもなる。人生の真の目的、目標ともいえる。３つ目は個人の成長と職業上の進歩についての「How（いかにして）」の目標。さまざまな面で成長できれば、「Why」を楽しみ、「What」を達成し、結果としてより早くあらゆる目標を満たせるのだ。

**自分にとっての重要な目的を明確に知ること。**それがすばらしい成功への出発点となる。精神的、身体的エネルギーを、今の生活にポジティヴな影響を与えるものに集中させられるようになる。

## まず、3つの具体的な目標を立てること。その方法とは……

わたしたちはどんな大きな目標を持つこともできる。まず自分の生活を分析し、もっとも重要な3つの目標を立てることにしよう。

あげた目標は重要度に合わせてA、B、Cとグループ分けをしよう。さらに3つの目標を細分化する。「A‐1」「A‐2」「A‐3」……とグループ内で大切な順に番号をつけていこう。つまり、「A‐1」の目標が、当面の明確な「重要な目的」になるのだ。

次のステップとして、「重要な目的」を達成するためにできるひとつひとつの「行動」をリストにする。少なくとも10か20は思いつくはずだ。考えつく行動すべてをリストアップしてから、それぞれの項目の先頭にも「A」「B」「C」をつけて整理する。さらに「A‐1」「A‐2」「A‐3」……と番号をふって、行動の優先順位も決めていく。

「目標の設定」から「達成」までのスピードをアップする鍵についても紹介しておこう。

**顧客の満足に焦点を合わせること。**誰もが他人のために奉仕することで生活している。仕事上の成功を決定するもっとも重要な顧客を選択し、よりよく、より早く奉仕することに集中しよう。管理職であれば、部下も顧客となる。満足のいく仕事にするには、部下が自分たちの処遇や上司に満足していなければならない。自分にとってもっとも重要な部下は誰だろうか。自分が直接管理する立場にない同僚も、やはり顧客だ。その手助けがあるか否かも、仕事がうまくいくために大きな影響を及ぼす。手助けや協力をしてもらわなくてはならない友人とは誰だろう。

ビジネスにおける第1の顧客は、製品やサービスを買ったり使ったりしてくれる人たちだ。この顧客の要望やニーズをタイミングよく、リーズナブルな価格、ふさわしい品質で満たす能力は、成功の鍵であるばかりでなく、事業全体の存続にもかかわってくる。

**顧客が何を望んでいるのかを見つけだすこと。**つねに自分に問いかけよう。自分の顧客は何を求めているのか。どんな価値を期待しているのか。どうしたら顧客をいちばん喜ばせられるだろうかと。仕事をうまくやれたとしても、それが上司にとって重要でなければ、出世の邪魔ということになる。だが、上司にとって重要なことを実行できれば、それだけで出世は早まるのだ。仕事で成功するには、繰り返し自分に問いかけなければならない。「なぜ自分は雇われているのだろう？　どんな結果を出すために雇われているのだろう？」と。

**自分がもっとも必要とされているアウトプットを明確にしよう。**自分は仕事の結果、何をアウトプットする（生みだす）ことを期待されているのだろうか。必要とされているアウトプットとは、具体的かつ明確で、紙の上にはっきりと定義できる一定の仕事の量や質を指している。自分の上司を含む客観的な第三者によって定義され、測定されるものだ。そして、そのアウトプットは、自分でコントロールでき、他人に依存せずにはじめから終わりまで行なえるものだ。さらにそのアウトプットが、ほかの人にとってはインプットとなる仕事や結果になる。

ビジネスとキャリアの目標を設定するにあたって、**実績の鍵となる分野を選択しよう。**自分にしかできないこと、うまくいけば所属する組織に変化や成果をもたらす可能性がある分野はどれだろう。あらゆる行動に「80対20の法則」をあてはめてみる。これは自分のやっていることの上位20％が自分の仕事の価値の80％に結びつくという法則だ。成果の大部分につながる上位20％の活動に取り組まなければならない。

企業が目標を設定するとき、もっとも効果的な方法に「目標管理」がある。このテクニックは、力量のある人間、つまり仕事に熟練し、やらなければならないことがわかっている人々にのみ用いられるべきものだ。この**目標管理を実践しよう。**目標管理には4つの段階がある。

第1に、望ましい目標や結果について、その達成に責任を負っている人物と協議し、明確に定義すること。達成すべき目標について完全に同意するまで、充分な時間をかけよう。

第2に、推進計画について議論し、合意すること。目標達成まで、どのような段階を踏み、どのように実行するか。成功をどうやって計るか。業績の基準に何を取り入れるか。うまくいったかどうかは何で知ることができるか。そして、その仕事がタイミングよく効果的に行なえた場合、または行なえなかった場合、どんな結果になるのか、などだ。

第3に、進捗状況や問題点を再検討するためにスケジュールを立てること。はっきりした最終期限やスケジュールを設定することは、目標管理に欠かせない要素である。

第4に、仕事をひとりの人間に任せること。その人のやりかたに干渉してはならない。任務を遂行するために必要なら、どんなアドバイスや手引き、援助を与えてもよいが、その仕事の責任はその人にあると明確にしておかねばならない。

成功の出発点は、自分自身の目標を絶対的に明確にすることにある。つねに自分の時間と行動のレンズは、自分が成し遂げようとしていることに向けていなければならない。

自分が何を達成しようとしているのかを正確に割りだし、自分にとってもっとも重要な目標と活動に心を集中させよう。これが卓越した仕事術を身につける第一歩となるのだ。

**人が成功するためには持っていなければならないものがあり、それは明確な目的と、自分が望むものを承知していることと、それを成就したいという強い願望である。**

**――ナポレオン・ヒル（哲学博士）**

**あなたは自分が何を望むかを選択できる。自らの主たる目標や目的、ゴールを自分で選べるのだ。**

**――W・クレメント・ストーン（実業家）**

## 夢を着実に達成させる４つの自問

**●自問１　自分は何をしようとしているのだろう？**

仕事や努力の結果として、まさに自分は何を成し遂げようとしているのだろうか？　この問いに、はっきりしないあいまいな回答しかできないなら、目標を予定どおりに達成するのはほぼ不可能だろう。

**●自問２　どうやってそれをやろうとしているのか？**

今のやりかたでうまくいっているだろうか。何を想定しているのか。事実と違うことを想定していないだろうか。目標を達成するのに、今よりもいい方法はないだろうか。

**●自問３　自分のほんとうの目標はなんだろう？**

自分の立てた目標は自分の人生にどんな影響を与えるのだろう。なぜこんなことをしているのだろう。目標を追いかけるあいだ、やる気やエネルギーを持ち続けたいと思うなら、目標の裏側にあるほんとうの目的を明確にしなければならない。

**●自問４　自分の人生の目的はなんだろう？**

仕事における目的とはなんだろう。家族についての目的は。自分が生きた結果として、何を成し遂げたいと思っているのか。自分の人生でほんとうにやりたいことはなんだろう。目標に向かって進み続けていくために、これらの質問を繰り返し自分に問いかけなければならない。

## 夢の達成能力を伸ばす　4つの思考

**●思考1　障害は排除せよ！**

目標を達成するまでの障害を特定しよう。何が邪魔なのか、なぜまだ目標が達成できていないのか、目標の達成に必要な自分の能力を制限している障害や問題をすべて書きだしてみよう。そのなかには内なる障害、つまり、自分自身に内在する障害もあるだろう。また、外からの障害、自分を取りまく環境や状況によって生みだされた障害もあるだろう。自分を引き止めている障害が何かわかったら、そのうちもっとも大きな障害を特定する。その障害ひとつに意識を集中させ、排除できるまで努力を続けよう。

**●思考2　達成を制限している段階を特定せよ！**

どんな目標の達成においても、任務の完了においても、現在地点からどれだけ早くゴールに到達できるかを左右する段階がひとつあるものだ。これがその過程における「ボトルネック」であったりする。これを特定して取り除く能力は、ほかのどんな行動をとるより早く目標を達成に向けて進ませる。自分に目を向ければ、たいていの場合、特定の技能、あるいは行動に欠けているために、目標の達成が制限されているとわかる。真っ先にこの制限を取り除こう。

**●思考3　必要な知識や技能は何かを考えろ！**

目標を達成するために新たに身につける必要のある知識や技能を特定しよう。ほかに何を学ぶべきだろうか。何を知らなければならないのだろう。新たに必要となるもののなかで、もっとも重要な知識、技能、経験はなんだろうか。

**●思考4　誰の援助が必要か想像せよ！**

ビジネス上の目標にしろ、プライベートな目標にしろ、その達成には誰の援助や手助け、協力が必要になるだろうか。誰が力を貸してくれるのか。目標達成の妨げになるのは誰だろう。

　長期的な目標を設定した場合には、家族の理解と協力を得なくてはならないだろう。会社やその業界で抜きん出た立場になりたいのなら、上司や同僚、部下の協力が必要となるはずだ。自分に協力したいと、その人たちに思わせるには何をしたらいいだろう。自分を手伝うことで、その人たちにどんな利益があるだろうか。

# 第4章 片づけるヒマがあったら仕事しろ！は、大まちがい。

# 「片づけ」は、仕事の処理能力をあげる大事な作業！

机回りがグチャグチャで仕事効率のよい人がいるだろうか。どんな仕事でも、ひとつの仕事が終わったら、片づけをしよう。人は仕事を完了すると深い満足感をおぼえる。その感覚は仕事のあと、片づけることで得られるのだ。また、身のまわりが整理整頓されていることで、自分が効率的になった気がし、自信がつき自尊心が強くなるのだ。さあ、まずは自分の机の上を片づけよう。

## 整理上手こそ、仕事上手

平均的な人とすばらしく効率的な人との違いは、効率的な人のほうが仕事をするときにうまくものごとを整理している点にある。効率的で収入のよい人たちは、仕事でもプライベートでも、きわだって整理能力に優れているのだ。

**ありがたいことに整理は技能である。どんな技能も学ぶことができる。**だれもが整理能力を学んで身につけ、効率的で有能になれる。そうすれば、同じ時間でまわりの人よりもはるかに多くのものを生みだせるようになるのだ。

前章でも述べたように、成功者の上位3％は計画を立て続けている人たちだ。彼らは目標と活動のリストを書いたり書き直したりすることを繰り返している。紙の上で考え、たえず自ら立てた計画を分析し、再評価する。計画を立てるのに時間をかけるほど、その実現はより確実なものになるからだ。計画を継続的に見直すことによって、目標の実現性や成功率はますます高まる。

ひとつずつ段階を追った計画を立てれば、目標を達成する自分の能力にも自信が増していく。大きな目標をいくつかの小さな目標に分解し、段階的で具体的な一連の行動に整理すると、目標を管理しやすくなり、入念な計画を立てるほど、目標が深く潜在意識にプログラミングされ、そこから意欲も生まれる。

うまく計画を立てたとき、とてつもなく大きな見返りが手にはいる。そして計画に費やした1分間は、実行の時間を10分節約する。いいかえると、計画に投資した時間とエネルギーを1000%の率で回収できることになる。

**わたしたちがほんとうに売っているのは自分の時間である。**すべての条件が同じなら、時間の使いかたが生産的であるほど、最終的に受けとる額が大きくなる。

頭がいい人の仕事術というのは、人生最大の利回りが得られるところに時間を投資することなのだ。

「計画のない行動は、すべての失敗の原因だ」とマネジメントの分野で有名な経営学者ピーター・ドラッカーがいっている。

**だれもが犯すまちがいには、ほぼすべてに共通するひとつの要因がある。性急に決断したり、その状況に飛びついてしまったりすることだ。**計画が不充分だったために起こる失敗は高くつく可能性がある。同時に、新規事業やプロジェクトの計画、あるいは休暇のプランなど、これまで成功したことには共通して、前もって充分に練られたよい計画があったことに気づくだろう。あらかじめ時間をさいて自分がしなければならないことを考えるほど、より効率的に行動でき、より満足のいく結果が得られる。

## 身のまわりを片づけるだけで、仕事の処理能力は格段にアップする

**ひとつの仕事が終わったら、片づけるようにしよう。**仕事は整頓された環境で取りかかり、きちんと片づけて終わるのが肝心だ。大小にかかわらず、仕事を完了すると深い満足感をおぼえる。その仕事が大きなものや重要なものであるほど、完了したときの幸福感や爽快感が

大きくなる。そのたびに次の仕事の完了に備え、自分の調子を整えられるようになる。

時間節約のためには、まず自分自身の環境や情報を整理する必要がある。

仕事に使うスペースをきれいに整理するだけで、生産性は劇的に高まる。**まず整理整頓をしよう。**気持ちをリラックスさせ、人生や身のまわりの環境をコントロールするためには、ある種の秩序が必要だ。整理されていると、効率的な人間になった気になれる。すると自己評価も高まり、自信や自尊心が強まり、エネルギーがわいて仕事を進める決断力も増していく。

第三者の目で見て、「自分」に大切な仕事をまかせられるだろうか。一歩離れて自分自身を評価しよう。まかせられないとすれば、それはなぜだろう。中立的な目で正直に自分を評価すると、見えてくるものがある。

乱雑な環境で仕事をしている人の多くは、「どこに何があるかはぜんぶわかっている」「きれいな机なんて、どこか病的な証拠だ」と、仕事場の散らかりようをいいわけして、正当化する。だが、そういう人は、仕事そのものよりもどこに何を置いたかを覚えておくために多くのエネルギーを使っている。散らかった環境でも仕事が進むという人も、きちんと整理整頓された環境でしばらく働けば、自分が以前よりはるかに効率的に、生産的になったことに驚くだろう。とにかくいいわけをしないことだ。

ある社長は「1日の終わりに机をきれいにする」ことを自社のルールとした。この結果、社員は必然的に効率的な仕事をして、1日の終わりまでに仕事をきちんと終わらせるようになった。**きれいな机で仕事しよう。**これが成功に大きく寄与する。

さらに3つの段階を踏んで、時間節約のために仕事場を整理すると効果があがる。

**まず、机の上を片づけよう。**そのとき使っているもの以外は引きだしや棚にしまったり、ごみ箱に捨てたり、床の上に置いてもいい。とにかく仕事を始める前に、机の上をすっきりさせて、ものが散らかっていない作業空間をつくろう。**次に、必要なものを準備してから始めよう。**どんな仕事を始めるときも、必要なものは事前にすべて手の届くところに用意しておこう。熟練の職人が道具をすべて用意しておくのと同じように、ひとつの仕事に取りかかるときは、あらかじめ必要な道具をきちんと準備しておこう。**そして、書類は一度で処理し**

**よう。**書類を受けとったらすみやかに決定をくだそう。すぐに判断できないときは、とりあえず目につくところによけておき、準備ができしだいきちんと対処する。この3段階で、みちがえるほど仕事場が整理できるようになる。

ひたむきにやらねばならない。こうと決めたことに向かって進むのだ。
——ジョージ・パットン将軍

あなたの手を経るものすべてに最善をつくすことを生活信条にしよう。それにあなたらしさを刻みこもう。優秀であることをあなたのトレードマークにしよう。

——オリソン・スウェット・マーデン（アメリカ成功哲学の父）

## 仕事がはかどる 4つの書類片づけ方法

**●方法1　読まずに捨ててしまおう！**

家庭やオフィスで、時間節約の最高のツールのひとつがごみ箱だ。何かを読む時間を減らしたいなら、まったく読まずに捨てるのがもっとも早い。自分の目標と関係のないものや、何カ月も読まずに放ってあるもの、読まなくても困らないものなどは、すべてごみ箱行きにしよう。

**●方法2　ほかの人にまかせよう！**

書類を手にしたら、その件を扱うべき人間がほかにいないかを考えてみる。自分よりうまく、その件を処理できる人はいないだろうか。人事管理における成功の鍵のひとつは、可能なかぎり誰かに仕事をまかせてしまうことである。自分にとって重要なことにあてる自由な時間を手に入れるには、それしか方法はない。

**●方法3　自分で処理して書類は捨てよう！**

手紙や提案、メッセージなど、自分で対応しなくてはならないものには、すみやかに対処しよう。ファイルフォルダーを用意して、「要処理」とラベルをつける。フォルダーの色を赤にすると、なおよいだろう。そこに処理すべきものをすべてはさみ、よく見えるところへ置いておこう。そして、処理を終えたら、書類は捨ててしまおう。

**●方法4　ファイルしておくが、基本は捨てること！**

ふつう、ファイルした書類の80％は二度と必要ではなく、読みかえすことはない。書類をファイルすると仕事が増えるので、できるかぎり書類をファイルする数は減らそう。

書かれている情報が使えなくてもとくに問題が起こらなかったり、その情報がほかでも得られるものならば、その書類は捨ててしまうこと。

## 価値ある時間を生みだす　7つの片づけ習慣

**●習慣1　前の晩に準備する**

夕方から夜のうちに翌日の仕事のリストを用意しよう。仕事を終えて帰宅する前に次の日の予定をすべて立てるのだ。前夜に予定を立てておけば、睡眠中、潜在意識が計画と目標に向けて働きだす。すると翌朝、その日の仕事に使えるアイデアや洞察を得て目ざめることも珍しくない。翌日やらなければならないことが気になって不眠症に陥ることもなくなる。

**●習慣2　スケジュールを立てる**

スケジュールを整理すればストレスが緩和され、エネルギーがわいてくる。1日の、1週間の、1カ月の計画を立てて整理することにより、人生をコントロールしているという満足感が高まり、自分の力がもっと発揮できるようになる。

**●習慣3　1日のスタートを早くする**

成功した人のほとんどは、適当な時間に就寝して早起きする習慣を身につけている。仕事を始める前に静かに2、3分考える時間を持つと、その仕事にかかる時間を何時間も節約できる。朝早く起きて、1日を前もって計画できれば、1日じゅう落ちついた、すっきりした頭で、生産的に過ごせるのだ。

**●習慣4　ファイリング・システムを整える**

家庭でも職場でも、効率的なファイリング・システムを活用しよう。労働時間の30％は、あるべき場所にないものを探すのに使われている。これほどいらいらさせられる作業はない。使い勝手のよいファイリング・システムや名刺ホルダーなど、用途に応じてファイルの管理をしよう。

**●習慣5　大切な仕事は「ゴールデンタイム」に処理する**

自分の体内時計に従って、もっとも感覚がとぎすまされ、生産的になっている「内なるゴールデンタイム」に創造的な仕事ができるよう生活を整理しよう。同時に「外なるゴールデンタイム」も知らなくてはならない。顧客やクライアントが、いつならアクセスしやすいかをつかんでおこう。

**●習慣6　口述のために伝言やメモをとる**

口述するとき、内容のアウトラインをあらかじめメモしてから録音すると、筆記するよりも記録にかける時間を80％節約できる。ただし、完璧を追求しすぎず、自分の考えをできるだけ速いスピードで口述しよう。

**●習慣7　飛行機のなかの時間を活用する**

オフィスと違い、飛行機のなかでは誰にも邪魔されずに1時間仕事ができるので、通常の作業空間での仕事の3時間分に相当する仕事をすることができる。空港を発つ前にあらかじめスケジュールを立てて仕事を整理しておけば、機上で多くの仕事を終えられるだろう。

## 仕事がはかどる 5つの片づけテクニック

**●テクニック1 システム手帳を活用する**

年間、月間、週間、毎日の計画と整理ができるものがいちばんよい。よいシステム手帳には、すべての仕事、目標が記録でき、やらなければならない行動をそのつど書きこめるマスターリストが備わっている。

**●テクニック2 仕事前にリストの作成をする**

1日のあいだに終わらせるつもりの仕事をひとつ残らず書きだそう。リストを使いはじめると、その仕事の真の重要度が一目瞭然になるので、初日から仕事の効率が25%もアップする。

**●テクニック3 リストに優先順位をつけて整理する**

1日の活動予定をリストにしたら、優先順位をつけて整理しよう。整理できたリストは、自分が何をすべきか、何が重要で何がそれほど重要ではないかを教えてくれる。どんなこともリストに書き、やらなくてはならないこととその価値を比較し、整理してから取り組もう。

**●テクニック4 気に入った時間管理システムを使う**

各種携帯情報端末（PDA）やコンピュータを使った時間管理システムには、優れているものがある。データを入力したり、ソフトを導入したりして、生活のあらゆる面を整理しよう。うまく活用できれば、生産性を2倍、3倍にする助けになる。

●テクニック5　「45ファイル・システム」を取り入れる

今後24カ月の自分の活動や顧客訪問を計画し、簡単に整理する、覚え書きのためのファイルを使ったシステムだ。45冊のファイルを用意して、そのうち31冊のファイルには1カ月の日数の1から31までの数字をふる。12冊のファイルは1月から12月までの各月の分とし、残り2冊のファイルは、今後2年間の分とする。

今から半年後に約束があっても、予定している内容をその月のファイルに入れるだけでいい。

各月のはじめにその月にこなさなければならない予定をすべて取りだし、1から31までの数字をふった毎日のファイルにふりわける。あとは毎日その日のファイルを取りだし、行動を起こすだけだ。

ほんの少し時間をかけてこのシステムを準備するだけで、しばらく先の仕事や約束を忘れたり、しそこなったりすることがなくなる。

# 第5章 大小にかかわらず、すべての仕事に全力を注げ！は、大まちがい。

# 全力を注ぐべき仕事がわかれば、大きな利益を生み出せる！

すべての仕事を同時に、かつ完璧にこなすことはできないのだから、優先順位をつけなければならない。現在かかえているどの仕事が、会社の利益貢献度の上位にあたるかを判断できれば、会社にとっても莫大な時間とコストを節約できるのだ。優先順位の高い仕事から取りかかろう。

## 仕事もプライベートも「80対20の法則」で考える

目標や課題、活動に優先順位をつける能力は成功の鍵になる。多くの人はやらなくてもいいことに熱心に取り組みがちだ。しかし、人生に真の変化をもたらすものにこそ目を向け続けなければならない。

適切な優先順位をつけるために、自分の価値観を考えることから取り組もう。自分にとってほんとうに重要なもの、そのなかでもっとも重要なものは何か。自分が信じているものは何か。どんな考えを持っているだろうか。

最高のパフォーマンスも最高の自尊心も、自分の活動と価値観が一致したとき、はじめて同時に実現される。信念と行動がぴったり合ったときに、心から満足を感じられるのだ。いっぽう、価値観と活動が一致しなかったり調和しなかったりすると、ストレスや不満、不快感が生まれる。最高のパフォーマンスを得る第一歩は、どの目標や課題が自分にとって重要なのかを、自分の価値観に基づいて選択することにある。

**人間は「選択する生きもの」である。**人はいつも何かしらの選択をしている。より価値を感じるものと感じないものとのあいだで選択を繰り返しているのだ。そして、価値観に合わない選択をすれば、いらだちや成績不振、失敗を招く。自分の価値観について知るには、自分の行動を見るのがいちばんだ。人はつねに、そのときの自分にとってもっとも大事なことに沿った行動をとっている。毎日、そのときどきに自分がどんな選択をしているかをよく観察しよう。とくに自分の時間の過ごしかたに注目してほしい。真の価値観やあらゆる分野での優先事項がもっとも反映されているからだ。

誰でも家族や仕事、人間関係、自分の個人的なことについて、いくつかの価値観を持っているだろう。そして、人はいつでも価値の順位の低いものより高いものを選択する。複数の選択肢からひとつを選ぶときになってはじめて、自分にとってもっとも重要なものが見えてくる。価値の順番が、気質や人柄を決定する。つまり、価値をおく順番を変えることは、まさに自分という人間を変えることを意味するのだ。家庭、健康、仕事上の成功と3つの項目があるとき、何を優先させる人を信頼できるだろう？　何を優先する人といっしょにいると心地よいだろう？

多くの人は家庭がいちばん大切だというが、みんなほんとうに家族が大切なのだろうか？真の価値観は、自分自身の行動や選択で示される。彼らの時間や生活の組み立てかたを見れば、家庭よりも仕事やゴルフ、社交その他の活動に価値をおいていることがわかる。自分の時間を管理し、優先順位を設定するには、自分が何者で、**ほんとうに重要なのは何かを考えることだ。**それによって、もっとも重要なものが最優先されるように自分の活動を組み立てたり、再検討したりするようになる。

自分は、生活や仕事のどの面に最大の喜びや満足を感じているだろう。どの面がいちばんうまくいっているだろうか。自分の活動に優先順位をつけて整理するとき、どんなことでも自分の好きなように変えられると想像しよう。自分が会社を持っていて、1日じゅう心底楽しめるようなことだけをやれるよう、理想的な仕事を設計できると想像しよう。どんな変化を望むだろうか。

仕事についての自分の価値観が明確になると、優先順位をつけやすくなる。自分の価値観を割りだしたら、優先順位を設定する手はじめとして、**「80対20の法則」を生活全般に適用しよう。**上位20％の活動が生みだす価値が、すべての活動が生む価値の80％を占めるという法則だ。だから、まず取り組まねばならないのは、どれが課題の上位20％にあたるかを判断することである。


80対20の法則はプライベートにもあてはまる。家族とともに行なう活動の20％が、自分が楽しめる結果や見返り、満足感の80％につながる。外食の80％の行き先は、行きつけの20％の店だ。お気に入りのレストランでは、80％の確率で同じメニューを注文している。

仕事のときは、何かを始める前に必ずこんなふうに自問してみよう。

「今からやろうとしていることは、自分のやることすべての80％の価値につながる上位20％の活動だろうか？」

毎日、毎時間、この法則を仕事にあてはめるようにしなければならない。行動する前に考える時間をとり、自分や会社に最高の利益をもたらす20％の課題や活動に意識を集中させるのだ。

## 「急ぎ」は、「重要」ではないことが多い

優先順位を設定するとき、**「急ぎ」と「重要」を必ず区別することが大切だ。**急ぎのものが重要であることはめったになく、重要なものが急ぎであることもめったにないことを覚えておこう。

緊急の課題には、すみやかに対処しなければならない。予期せぬ電話や来客など、それらは皆「不意に」やってくるために「急ぎ」になる。実際には重要な問題でないことも多い。優先順位を設定するにあたってよく検討しなければならないのは「影響度」だろう。重要な問題は、重大な影響を与える可能性を持っている。重要ではないものは、概して影響度が低い。

やらなければならないことのなかで**もっとも急ぐ必要があるのは、緊急かつ重要な課題だ。**

それにはただちに対処しなくてはならない。対応しだいで重大な影響が出る可能性があるからだ。何より、緊急かつ大切な最重要課題にすぐに取り組めるように、1日の仕事を整理しなくてはならない。

最重要課題の対処をしたら、次は重要だが急ぎではない課題に注意を向けよう。長期にわたって重大な影響の考えられる課題に割く時間を長くするほど、仕事の効率があがり、多くの目標を達成できるようになる。

目標達成までのスピードを左右する要因を見つけるために、ひとつひとつの仕事に目を向けて優先順位を設定するテクニックを身につけよう。それには「自分がこの仕事を早く完了させるには、何がポイントになるだろう?」と考えることだ。こうして**成功の制限となる要因を特定できれば、予定どおりに目標を達成するための具体的な行動が明確になる。**

制限している要因を見つけるときにも、80対20の法則があてはまる。家庭や職場での成功を制限している要因の80%は、自分自身のなかにあるからだ。そして、わずか20%が、会社などのまわりの環境のなかにある。

ふつう、わたしたちは抱えている問題の原因を、いつも自分の外に求めがちだ。しかし、経験豊かな人ほど、その原因を自分自身や所属する組織のなかに見出そうとする。そして、たいていの場合、目標を達成できていない原因は自分の技能や能力、資質や才能の不足にある。今まで届かなかった目標を達成するには、新しい技能を身につけることも必要になってくる。重要な目標を達成するためには、今は持っていない技能や資質を育てなくてはならないこともある。

売り上げが目標に達しないのは、「他社に対する自社製品の競争力を高く見積もりすぎている」からかもしれない。それが答えなら、製品またはサービスの変更やグレードアップ、さらには新たな顧客や市場に目を向ける、新しい商品やサービスを開発する、べつの流通経路を使うなどの解決策がある。

ほかには宣伝効果をあげたり広告媒体を変更したりする必要があるかもしれない。価格や購入条件の見直し、サイズや包装、取引内容の変更もありえる。原因がなんであろうと、目標を達成する焦点となる部分を的確に選別することが重要である。**適切な優先順位を設定すれば、莫大な時間とコストが節約できる。**

## 優先順位は、ABCDEリストでつける!

優先順位を設定するとき、自分がとるどんな行動についても将来的な影響を考える必要がある。問題の価値や重要性をはかる場合に、それをしたら、あるいはしなかったら、何が起こるかを考えてみなければならない。人生や仕事に将来影響を与える可能性の高い課題は、優先順位も高い。さほど影響を与えない、あるいはまったく影響を与えない課題は、優先順位も価値も低い。

**優先順位を設定するときにもうひとつ重要なのが、有意義な先延ばしをすることだ。**やるべきことは多いが、時間は足りない。すべての仕事を同時に、かつ完璧にこなすことはできないのだから、多くの仕事は先延ばししなくてはならない。意義のある先延ばしをするには、先延ばしできるものを慎重に選びだし、自分の人生を変えることに割く時間を増やさなければならない。ここでも80対20の法則をあてはめてみよう。価値の低い80%の課題を先延ばしして、限られた時間をもっとも価値の高い20%の課題に費やせるようにするのである。

42ページでも軽く触れたが、優先順位を整理するときに役立つのがＡＢＣＤＥ法だ。日々の活動に取りかかる前に、行動リストを見直し、重要度に応じて各項目の頭に次の文字をつけていく。

●**Ａリスト**……「Ａ」をつけるのは、「しなくてはならない」非常に重要な課題だ。それをしなかった場合に重大な影響がある、急ぎでかつ重要な項目には「Ａ」の文字をつけよう。「Ａ」の項目がいくつかあれば、その重要度によって、それぞれの項目に「Ａ‐１」「Ａ‐２」「Ａ‐３」……とつけて整理し、「Ａ‐１」から取り組もう。それが最優先事項である。

●**Ｂリスト**……「Ｂ」は、「やるべき」課題だ。それをするかしないかで多少の影響が出る。しかし、「Ａ」の課題が残っているうちは、決して「Ｂ」の課題に取りかかってはいけない。

●**Ｃリスト**……「Ｃ」に入るのは「したほうがいい」が、明らかに「Ａ」や「Ｂ」ほど重要ではなく、してもしなくても影響のない課題だ。新聞を読む、食事に出かけるといった活動は、すべてこの「Ｃ」の範疇《はんちゅう》に入る。

●**Ｄリスト**……「Ｄ」は「delegate（委任）」の「Ｄ」だ。自分にしかできないもっとも重要なことをする時間をつくるため、何かを始める前に、その課題をほかの人にまかせられるかどうか考えてみなくてはならない。

**●Eリスト**……「E」は「eliminate（除外）」の「E」だ。日々のリストからは、まったく除外していい、影響を及ぼさないたくさんの小さな課題は、日々まぎれこんでくる。こうした項目を多く除外できると、「A」の課題に取り組むべき時間を増やせる。

**すべての仕事の意義は「付加価値をつける」ことにある。**人が会社に雇われているもっとも大きな要因は、会社になにがしかの価値の貢献をすることだ。この貢献する能力が、業績や報酬、仕事上の成功を左右する。自分の仕事を入念に分析してみれば、会社に貢献している価値の90％以上を担っているものは3つほどしかない。もっとも力のあるその3つの分野を把握しよう。

自分の生活を整理し、優先順位をつける目的はすべて、この3つの分野により多くの時間を費やせるようにすることだ。自分がもっとも付加価値をつけられる3つの分野はなんだろう？

自分自身を分析し、以下の質問に答えてみよう。

- **質問1**……他人より得意なのは、どんなことだろう。
- **質問2**……どんなことなら競争で優位に立てるだろう。
- **質問3**……人よりもはるかに優れている分野は何か。
- **質問4**……自分のセールスポイントはなんだろう。
- **質問5**……何なら他人より秀でることができるか。
- **質問6**……何に優れるようにすべきだろう。
- **質問7**……最大の貢献をするために、どんな技能を開拓する必要があるか。

これらに答えることが、高いパフォーマンスの鍵となる。高い実績を目指して努力しよう。自分の業界で上位10％のなかに加わると決意しよう。専門分野での上位10％に入るために、自分が学び、開拓できるもっとも重要な技能、ほかの何より力になる技能を特定しよう。その技能と目標を紙に書き、最終期限を決めて計画を立て、毎日それに取り組もう。

つねに優先順位を意識し、80対20の法則を仕事のあらゆる場面にあてはめる。自分の会社が提供するもっとも利益率の高い製品やサービスを割りだそう。最大の価値をもたらしてくれる上位20%の顧客を特定しよう。社内の人間のうち、それぞれの仕事で最大の価値をもたらしている20%の人をつかもう。

## すべてのものを「勝ち組」「生き残り組」「負け組」に分類せよ

自分の会社や製品、サービスの「トリアージ」を定期的に実践しよう。トリアージの概念は第一次世界大戦から始まった。戦いで多くの負傷者を出し、医療班は全員を治療しきれなくなった。医師も看護師も足りない。結果として、医療班は部屋を3つのグループに分けた。

第1のグループは、負傷した兵士のうち、治療の有無にかかわらず死んでいく見込みの者。その人たちは治療は施されないが、手厚く看護される。第2のグループは、治療の有無にかかわらず生き残る者。怪我が軽いため治療をせず、手当ても簡単にすまされる。第3のグループの負傷者は、ただちに治療を施さなくては生き残れない者。医師や看護師は、治療しなければ死んでしまうその人たちを救うことにエネルギーを注いだのである。

ビジネスでも、トリアージの考えを製品やサービスに取り入れられる。**製品やサービスは**

## 「勝ち組」「生き残り組」「負け組」の3つのグループに分けよう。

「勝ち組」はよく売れ、利益があがり、安定した予測可能なキャッシュフローを生みだす製品やサービスだ。会社の知名度をあげているものも勝ち組に含まれる。こうした製品やサービスにはことのほか気を配るべきだが、ただちに緊急な対処が必要なわけではない。「生き残り組」の製品やサービスの場合は、時間を割いて営業活動やマーケティングをしたり、デザインや包装を変えたりすることで勝ち組にすることができる。この製品やサービスには、ただちに手当が必要だ。最大のエネルギーを注ぎ、有能な人材をあてるようにしよう。そして、「負け組」の製品やサービスの場合は、マーケティングやセールスに力を注いでも、デザイン変更を行なっても、市場に大きな影響は出ない。資金や時間、人のエネルギーを消耗させるだけだ。こうした製品やサービスは遅かれ早かれ消滅する。理由はどうあれ、市場がそれらを望んでいないからだ。

ビジネスの優先順位をつけると、「勝ち組」はビジネス活動の上位20%に相当する。しかし、さらにそれらをグレードアップし改善するために、できることはすべてやらなくてはならない。それらが確実に売り上げを保ち、利益を生みだし続けるようにしなくてはならない。
潜在能力を持つ「生き残り組」は、充分な時間と配慮、資金をつぎこめば人気商品となる可能性のある製品である。それらは将来の「勝ち組」となる可能性がある。これらの商品やサービスへの時間と資金の投資は優先度が高い。どんなに時間や金を投資しても、いずれ消滅する製品やサービスは存在する。市場や利益が縮小しているときにはとくに、投資しても成功するとはかぎらないということを受け入れる、勇気と決断力を持たなくてはならない。そうすれば、自分のエネルギーを将来性のある製品やサービスに向けられる。

仕事を離れても同じようにトリアージを実践しよう。家族と過ごす時間や個人的な活動など、大きな喜びと満足を与えてくれるものがある。優先度が高いものに自分自身や自分の時間を投資するために、優先度の低い人間関係や活動は縮小したり除外したりしなければならない。

人生の目標達成の鍵となるのは、**未来を見つめる時間を持つこと**だ。この先5年間の計画を立てて、自分がどんな位置にいたいかを考えよう。理想的な未来を心に思い描き、それを実現するため、今日から取り組むステップについて考える。大切なのは、自分がこれから何を目指すかということだけだ。過去より未来に、問題よりチャンスに目を向けよう。うまくいっていないことや、誰が悪いかということより、解決策や自分にできる具体的な行動について考えるのだ。

優先順位を設定するときは、どんな課題も最初の20％の取り組みが、その課題の価値全体の80％になるということを忘れてはならない。その課題の達成に必要な材料を集め、整理するのに費やした最初の20％の時間が、成功の80％につながるのだ。優先順位は、つねに課題のこの最初の20％に注目して設定しよう。ここに力を入れ、きちんと終える。あとの80％は、最初の20％を完了していれば、自然とうまくいくのである。

優先順位を設定するとき、**まず小さなことから片づけたいという誘惑に負けてはいけない。**リストのいちばん下から始めていちばん上の重要な課題にあがっていくようなやりかたは禁物だ。優先度の低い活動に自分を縛りつけてはいけない。小さなことを片づけはじめると、取り組むべき小さな課題にどんどん夢中になってしまう。時間をかけるほど、懸命にやるほど、どんどん小さな課題が生まれてくるようにも思える。そのあげく1日の終わりには、すっかり疲れはて、しかも価値あることは何ひとつ成し遂げられていないということになる。まずはもっとも重要な課題から始めよう。

「1カ月、町を離れなければいけない。その前にひとつのことしか終えられないとしたら、やらなければならないもっとも重要な課題はなんだろう?」と自分に問いかけてみよう。成果を出そうとして大きなプレッシャーを感じれば、優先順位を設定し、仕事をこなしていく効率がどんどんあがることになる。

自分に優先度のプレッシャーをかけよう。これらの質問をたえず自分に問いかけよう。そして、答えがどうであれ、鍵となるそれらの課題を最優先事項としよう。ただちにその課題に取りかかり、完了するまで意識を集中させよう。

**時間は、自分の人生そのものである。**

人は最優先事項に取り組んでいるとき、人生からもっとも価値のあるものを引きだしている。最優先事項以外のことに取りかかるのは、相対的にいえば時間の無駄だ。何よりも最大の報酬は、自分の最優先事項に一心に取り組んでいるときに、とどまることのないエネルギーの流れや情熱、自負を感じられることにある。このとき、もっとも大きな力と自信を感じ、自分自身や人生をすばらしいと思えるのだ。もし優先度の低い課題に取り組んだら、どんなに長い時間をつぎこんだところで、満足や喜びは得られない。1日の終わりには、ただ疲れてストレスがたまり、不満を感じるばかりだ。

仕事に取りかかる前に、この章で説明したさまざまなアイデアやテクニックを使って優先順位を考えよう。もっとも価値ある時間の使いかたを選び、集中して取りかかろう。最優先事項に集中するのを繰り返せば、ハイ・パフォーマンスをあげるのが習慣になる。やがて、自分自身をすばらしいと思えるようになるだろう。

成功は、朝から晩までとどめることなく繰り返す小さな努力の積み重ねである。
——ロバート・コリアー（著述家）

成功とは、散らばっているその人の力をひとつの強力な道すじに転換させるプロセスだ。

——ジェームズ・アレン（著述家）

## 「優先してやるべき仕事」を発見するための７つの自問

●**自問１** 自分ならではの力や、能力とはなんだろう？

●**自問２** 天性の才能と思えるものはなんだろう？

●**自問３** とくに得意なことはなんだろうか？

●**自問４** 今までにうまくやれたことはなんだろう？
どんな技能、能力、教養が、これまでの人生や仕事における成功のもとになってきただろうか？

●**自問５** ほかの人には難しく思えることで、自分なら、すばやくうまくできることはなんだろう？

●**自問６** 知識や技能をグレードアップするとしたら、能力を発揮できるのはどの分野だろう？

●**自問７** 自分がほんとうに好きなことはなんだろう？

## 仕事の優先順位を決定する 5つの質問

**●質問1　なぜ、自分は雇われているのか?**

自分に期待されていると思うことをすべてリストにまとめ、上司に優先順位をつけてもらおう。

**●質問2　自分の活動でもっとも価値があるものは?**

仕事の価値のほとんどを占めているのは3つのことだけだ。あなたの活動のうち、何が会社にもっとも貢献しているだろうか。自分でわからなければ、まわりの人たちに尋ねてみよう。

**●質問3　成果を出す分野として重要なのはなんだろう?**

仕事で成果を出す鍵となる分野のなかで、もっとも重要なのはどれだろう。

**●質問4　自分にしかできないものは?**

ビジネスですぐに大きな成果をあげる自分だけの能力をひとつあげよう。

**●質問5　今、いちばん価値ある時間の使いかたは?**

これは自分の人生の鍵となる質問である。本書のあらゆる仕事術の技能は、いかなるときにもこの質問の正しい答えを見つけるためにある。

第6章

# 格好つけてたって仕事ははかどらない！は、大まちがい。

## 仕事ができる人のようにふるまっていれば、やがてそれは現実になる！

机でイスにもたれ、姿勢の悪い座りかたをしたり、下を向いてぐずぐず歩いていたりしている人間が、生産的で情熱的な気分を持ちあわせているだろうか。人間は、心の中の考えが外面の行動にも表れるものだ。したがって外面から自分のなりたい人間のようにふるまっていれば、自然と心の中も変わっていくのである。

## 仕事は必ず完了させる習慣をつけよう

　どんな分野においても、よい仕事習慣が成功を呼び寄せる。その人の仕事ぶりが報酬の質と量を左右し、組織のなかでの評判や仕事への満足感を決定する。残念ながら、たいていの人の仕事ぶりは芳《かんば》しくない。時間の組み立てが下手で、焦点が定まっておらず、能力の半分しか使っていない。仕事ぶりをほんの少し変える方法すらわからないらしく、誰かに教えてもらわなければ、どうしたらいいかわからないのである。

　この章では、生産性の高い人たちがどのようにその習慣を身につけたかを学ぼう。よい仕事習慣の基礎は、ふたつのことばで表現できる。「焦点」と「集中」である。

　**もっとも重要な目標を実現するために、最優先でやらなければならないことは何か。そこに焦点をあてよう。**そのためには、自分がいちばん何を望んでいるのかを明確にしておかなければならない。また、その成果を手にするには、どんな順番でどんな段階を踏んで実現させていくかをはっきりさせ、実行していく習慣をつけよう。まったく必要のないことをうまくこなせても、時間の無駄でしかない。

**集中とは、ある課題を100%完了するまで、現在地点から目標地点までよそ見をしたり脇道にそれたりせず、まっすぐに進むこと**を意味する。目標を達成したければ、自分の行為すべてが確実に自分を正しい方向へ導くようにしなければならない。この決意をするだけで、毎日の活動の質と量が劇的に向上するだろう。

集中のしかたを学ぶことには、いくつか利点がある。まず、重要な課題を完了したときの達成感は、エネルギーや情熱、自負心の源となる。反対に、完了できなかったり、一部分しか終えられなかったりすればストレスを抱え、情熱や自負心を低下させてしまう。重要な課題をやり終えたとき、エネルギーや幸せがあふれてくる。だが、重要でない仕事をしていたのでは、たとえそれをタイミングよく完了したとしても、満足感は得られない。ひとつの仕事を完了するまで集中する訓練によって、自分をコントロールし、自分の運命の鍵を握っていると思えるようになるのだ。

課題を達成したり、一度始めたことを終わらせる習慣は、人格形成に不可欠だ。始めたことを終わらせることができない人は、成熟した人間とはいえない。だからこそ、この習慣を身につけることが長期にわたる成功の鍵となるのだ。

**大きな成功に焦点を合わせ、自分はそこに向かっているとつねに思い描こう。**効率的な自分をイメージすれば、イメージするたびに、潜在意識はその映像を記憶する。そして、外から見た姿が自分の内側のイメージと調和するように、自分の言動を調節するのである。

「感情化の原理」は、映像化とともに使うことで威力が増す。「思考（Think）×感情（Emotion）＝結果（Result）」という公式がある。自分の心に、理想のイメージや過去の最高のパフォーマンスなどポジティヴな映像を送りこむことで、成功に向けて自分をプログラミングすることになる。

効率的にうまく仕事をしている鮮明なイメージを思い浮かべ、それを情熱や喜びという感情と結びつければ、潜在意識はより早く指令として受けとめ、それを現在の行動に反映させる。思考や感情によって、また、行動によって潜在意識をプログラミングする効果的な方法とは、自分のなりたいと思っている「効果的、効率的な人間になっているかのように行動する」ことだ。

## 効率的になりたければ、そうふるまおう

どんな精神的・感情的状態にも、たいていそれに関連する身体的な姿勢がある。たとえば、机の前で姿勢を正してまっすぐ座ってからやや前傾の姿勢をとると、生産性があがったような気分になる。顔をあげて肩を引き、あごをもちあげて、きびきびと歩けば、より自信にあふれた生産的な人間になったように感じるものだ。心のなかである特定の感じかたをすれば、外面の行動にもそれが同じように表れる。望んでいることを、すでに今実現しているかのように感じられれば、その行動が、まだ存在しない実感を生みだすのである。

**自信を持ちたければ、自信たっぷりにふるまえばよい。**勇気のある人間になりたければ、勇気ある行動をすればよい。効率的になりたければ、すでに自分が効率的な人間であるかの

ようにふるまえばよい。自分の感情と信念で行動が決まるように、自分の行動が感情と信念を生むのだ。

いっぽう、姿勢の悪い座りかたをしていたり、下を向いてぐずぐずとした歩きかたをしていたのでは、無気力で非生産的な気分になってくる。両脚をあげてうしろにもたれ、一見リラックスしているような座りかたも、エネルギーのレベルを大きく落とし、生産的な仕事にも情熱が持てなくなる。

仕事をしているあいだ、定期的に手を止めて、自分がどんなふうに座ってどんなふうに働いているかを観察してみよう。そして、自分にこう問いかけるのだ。「生産性の高い人間というのはこんなふうに座っているものだろうか？」

その答えが「ノー」なら、姿勢や態度を正し、生産性の高い人間の座りかたや仕事をする姿勢に近づける努力をしよう。

何年か前、〈リーダーズ・ダイジェスト〉誌が天才についての研究報告を掲載した。それによると、どの天才にも共通する3つの行動があるという。つまり、平均的な知性を持ったごくふつうの人でもこの3つの行動を身につければ、生産性を劇的に高められる。

第1に、天才たちは皆、問題を解決するとき、体系的で秩序正しいアプローチをしていることだ。何かうまくいかないことがあっても、天才たちは、いつも立ち止まって、段階を追って入念に分析する。すぐに結論に飛びついたり、それを解決しようと行動を起こしたりはしない。その結果、よく考えないでただ問題に反応するだけの人よりもよい決断ができる。

第2に、驚ける感性を持つということだ。まるで子どものように新鮮な目で状況を見る能力だ。天才たちは、どんなことに対しても柔軟な姿勢をとる。結論に至るまで自由な精神で、状況にアプローチしたり問題を解決したりする方法をできるかぎりすべて吟味する。さらに、たえず自分にこう問いかけている。「ほかにどんな解決法があるだろうか」と。

第3に、平均的な人よりもはるかに深く集中する能力を持っていることだ。トーマス・カーライルは、かつてこういった。「天才とは、ただ際限なく苦労できるというだけのことである」。偉大なる成功は、ひとつの仕事を完了するまで長期にわたって集中した結果である。

## 「仕事時間に仕事はできない」というパラドックスの解決法

優れた人々に共通する〝集中力を育てる方法〟はビジネスの技能であり、習慣となるまで繰り返し訓練する決意のある人なら、誰でも身につけられる。

第1に、仕事を始める前に作業スペースからすべてのものを取りはらい、必ず、最優先事項を完了するために必要なものだけを出すようにすること。

第2に、1日の計画を立てたり仕事を整理したり、おもな課題の完了を目指して取り組む、まとまった時間をつくりだすこと。重要な会話やディスカッション、交渉を急いではならない。まとまった時間が必要だ。次に、こうした時間のかたまりを見つける方法を紹介しよう。

朝、出勤前に自宅で仕事をするのも効果的な方法だ。**朝一番は、たいてい1日のほかのどの時間帯よりも新鮮な気持ちでものごとに集中できる。**たとえば、早く就寝して朝5時に起きる。ただちに仕事を始めれば、オフィスに向かうまで3時間ほど誰にも邪魔されずに働ける。早朝、邪魔の入らないまとまった時間にこなせる仕事量は驚くほどだ。早起きして仕事をすると、就業時間になる前にその日1日の仕事量と同じ分の仕事ができる。つまり、1日にいままでの2倍働けるのだ。

「仕事時間に仕事はできない」というパラドックスがある。仕事時間の75％は、ほかの人との会話や議論に費やされている。しじゅう気を散らされたり、邪魔されたり、電話が鳴ったりする。どんな環境でも、就業時間の50％相当が、同僚との無駄な雑談に費やされている。だが就業時間より1時間早く仕事を始め、昼休みも仕事をして、さらに1時間残って働けば、1日に3時間、生産的な時間を新たに得られる。すると、生産性やパフォーマンスは倍増するだろう。通常の就業時間に仕事をしているほかの人たちと比べて、はるかに多くを成し遂げられる。

時間を大いに無駄にするか節約するかの鍵を握っているのは、同僚やスタッフとの会話やディスカッションである。

誰かとミーティングをするときには、あらかじめ時間のやりくりをして、ミーティングのあいだ、その相手にだけ集中するようにする。話を脇道にそらさず、相手の話を熱心に聞こう。**よく集中して聞くという行為そのものが、コミュニケーションをとるのにかかる時間を劇的に減らす。**何度も本題から脱線したり、電話や訪問者で気を散らされたりして無駄にしている時間は驚くほど長い。こうした中断をもっとコントロールできれば、望む成果を得るための会話にかかる時間はもっと少なくてすむだろう。

課題を終えるのを駆りたてるために、自分がやることすべてに報酬を与えるという方法がある。動物が芸をしたら角砂糖やビスケットを与えるように、**課題の一部を完了したら、そのつど何か小さなほうびを自分に与えるのだ。**仕事全体を終えられたときには大きなほうびをあげることにしてもいい。

心理学者は、特定の行動に対する動機の85％は、その行動をとることで享受できる利益によって決定づけられていると発見した。自分にほうびを与えるシステムを設定すれば、動機づけられ、課題の完了までよそ見せずに努力できるようになる。大きな課題や重要な任務を成し遂げるのに家族の理解や協力が必要なときには、家族間でその仕事がすんだときの報酬について話しあい、合意しておこう。食事に出かけるとか、映画を観にいく、休暇をとるなどでもいい。ほうびがあるとわかっていれば、まわりの人たちはもっと支えてくれ、仕事が終わるまでがんばり続けるよう励ましてくれる。

報酬は高いパフォーマンスを発揮するためのいい動機になる。自分のために、できるだけ多くのほうびを考えだそう。レポートが仕上がったら散歩に行くといった手軽なものでも、自分を前へと駆りたて、課題に集中させる手助けとなる。

**「学習曲線」もうまく利用しよう。**同じような課題を続けてこなすと、あとから取りかかる課題にかかる時間が短縮されるという効率アップを示す曲線だ。この学習曲線を使えば、80%の時間を削減できる。学習曲線は、同じ課題に繰り返し取り組むときに、その課題がすべて終わるまでのあいだだけ効果を発揮する。そのため課題を1日のあいだに散発的に行なうより、一度にまとめてこなすことが必要だ。

あなたにできること、できると夢見ることをなんでも始めなさい。その大胆さは才能であり、力であり、魔法である。

――ヨハン・ヴォルフガング・フォン・ゲーテ（詩人）

人間は環境の創造物ではない。環境が人間の創造物なのだ。われわれは自由な行為者であり、人間はさまざまな事態に打ち勝つ力を持っている。

――ベンジャミン・ディズレーリ（政治家）

## 格好よく仕事を完了させるための 4つのステップ

**●ステップ1　明確な目的と目標を設定して、紙に書こう！**

行動を起こす前に、自分が何をどうやって達成しようとしているのかをよく考えよう。

**●ステップ2　詳細な計画を立てよう！**

目標を明確に設定し、詳細な行動計画を立てることが何より効果的だ。

**●ステップ3　どんな活動にも、わかりやすい優先順位を設定しよう！**

それぞれの活動を始める前に、何度も「80対20の法則」をあてはめて考え、最優先事項に取り組むよう自分を訓練しよう。

**●ステップ4　もっとも重要なことに意識を集中させよう！**

目標達成のためにはよそ見をしたり、脇道にそれてはいけない。

## 格好よく仕事がはかどる　10のテクニック

**●テクニック1　力を集中させる**
自分の才能と能力を、その時点で最高の報酬をもたらすところに集中させせよう。

**●テクニック2　高い成果が期待できる分野を選ぶ**
仕事上のプラスにならず、ほかの分野に比べて見返りの少ないものには取り組まないようにしよう。

**●テクニック3　得意なことに取り組む**
仕事が楽しく感じられるような自分の得意分野に意識を集中させ、最高の実績を引きだそう。

**●テクニック4　チャンスに焦点をあてる**
自分や周囲の人々の最高の才能とエネルギーを、将来の最大のチャンスに集中させせよう。

**●テクニック5　クジラを釣ろう！**
小魚を1000匹釣ったところで、せいぜいバケツ1杯にしかならない。だが、クジラを1頭釣れば、航海にかかるコストのすべてをまかなえる。誰が、または何がクジラなのかを見極める目を持とう。

**●テクニック6　成果を出す鍵となる分野に焦点をあてる**
「自分は、なぜ雇われているのか」と自問しよう。

そして、期待されている成功の鍵となる分野を特定して、それらに力を集中させよう。

**●テクニック7　最終期限を設定して厳守する**

重要な目標には締め切りという切迫感をつくり、それを守らざるを得ない環境をつくりだそう。

**●テクニック8　充分な時間の余裕を持たせる**

どんな仕事にも、必要な時間の30％を余分にとって不測の事態に備え、余裕を持って仕事に取り組もう。

**●テクニック9　一定の速度を保つ**

仕事を終わらせるために急いだりあわてたりせず、楽なペースを保ち、一定のリズムで仕事をしよう。

**●テクニック10　結果について考える**

つねに結果を意識し、最高の実績を実現するために集中する能力を育てよう。

## 格好よく生産性が倍増する 3つの習慣

**●習慣1　始業時間の1時間前にオフィスに入る**

家を出る時間を1時間早くすれば、たいていの交通渋滞やラッシュは避けられる。オフィスに入っても誰にも邪魔されないので、すぐに仕事を始められる。この1時間で1日分の仕事ができてしまうことも珍しくない。

**●習慣2　昼休みにも仕事を続ける**

誰かといっしょに昼食をとりに出かけなくてはならないというきまりはない。12時から1時のランチタイムの混雑を避け、短い時間で手早く食事をすませて、また仕事に戻ってこよう。店に入ってから出るまでの時間は短いが、混雑していないので、よりよいサービスも受けられるはずだ。

**●習慣3　みんなが帰宅したあと、残ってもう1時間仕事をする**

邪魔の入らないこの1時間は、日中の3時間に値する。業務をすべて終わらせ、レポートを書いたり、手紙を書いたり、次の日の詳細な計画を立てたりすることができる。オフィスのドアを閉め、電話の線を抜き、休まずに仕事をしよう。

第7章

# 仕事を人まかせにするな！は、大まちがい。

# 「人まかせ」にできてこそ大きな仕事が成し遂げられる！

「人まかせ」はステップアップへの登竜門である。自分より低いコストで、複数の他人を使って仕事をまかせることができれば、仕事の処理能力は格段にアップする。また、そのまかせた人たちの能力を完全に引きだすことができれば、自分でやるよりも、途方もなく大きな仕事を遂行できるようになるのである。

## 他人の才能や努力をフル活用しよう

**人生はプロジェクトの連続である。**プロジェクトは複雑であり、マルチタスク業務とも呼ばれる。プロジェクトを完了させるには、それぞれの仕事の責任者が協力して努力することが不可欠だ。マルチタスク業務を遂行する能力は、成功のための大切な技能であり、同時に本書の仕事術をマスターするための中心的な能力のひとつである。

スタンフォード大学の調査では、企業が求める最高経営責任者（ＣＥＯ）に就任すべき人物像について、「業務遂行を目的としたチーム編成の力は必須だ」と結論を出している。マルチタスク業務を遂行するスタッフを集め、複雑なプロジェクトを成し遂げる能力があれば、キャリアの行方が決まるだろう。他人の才能や努力を何倍にも生かし、今まで自分だけでやってきたよりも、途方もなく大きな仕事をやり遂げられるからだ。

**複数のプロジェクトを管理するときには、プロジェクトの理想的な結果を定義してから行**

**動を起こそう。**何を成し遂げようとしているか。プロジェクトが完璧に成功したら、どんな状態になるだろうか。思い描いたプロジェクトの成功像をはっきりと紙に書きとめておこう。理想的な最終結果をよく考えて明確にするというこの手順は、どのようなプロジェクトにおいても、もっとも重要なものである。

次に、スケジュールと予算を見ながら、理想の結果を手に入れるためにはどこから何に手をつけるべきかを決めよう。また、現実的で具体的な最終期限や目標を決定しよう。

成功するプロジェクト管理には、コミュニケーションのポイントが4つある。

円滑なコミュニケーションのためにまず必要なのは、明確さだ。いいたいことを正確にわかりやすく述べ、つねにやるべきことをチーム・メンバーといっしょに再確認しよう。チーム・メンバーにも意見を述べてもらい、充分に話しあいを重ねよう。**明確さを求めて議論をつくすこと。**議論がつくされていれば、メンバーもプロジェクトの成功のために精いっぱい努力するはずだ。

円滑なコミュニケーションには堅実性も重要だ。**堅実性がリーダーには求められる。**チームのリーダーは忍耐強く、楽天的で、決断力があり、粘り強くなければならない。事態が悪化したときも冷静さを保ち、強い責任感を持ち、プロジェクトの進行を完全に把握できなければならない。

円滑なコミュニケーションをとるために、チーム・リーダーはチーム内の衝突や質の悪い仕事ぶりなど、**問題への対処は直接かつ率直にする。**もし自分の担当の仕事をしないメンバーがいれば、リーダーはそれを無視するわけにはいかない。プロジェクトの内容や進行状況について率直に討議するように全員に促そう。特定の人材に負担がかかりすぎている場合など、必要なときには仕事と業務の再割りあても検討しよう。

円滑なコミュニケーションのためには、度胸も大切だ。**意見を主張し責任を持つべきである。**ウィンストン・チャーチルは「勇気は当然のごとく美徳だと思われている。なぜなら、誰もが勇気を頼りにしているからだ」といっている。勇気のなかでもっとも重要なのは、結果に対して全責任を負い、業務が首尾よく完了するまで問題を解決し続ける粘り強さだ。

## 進行状況はつねに念入りに点検し、問題の早期発見をしよう

プロジェクトが実際にスタートしたら、進行状況を見ながら、プロジェクトの定期的な見直しをすることが重要だ。このとき、予定どおりに進行しているかを念入りに点検しなければならない。たとえ、はじめにどんなにすばらしい計画を立てたとしても、プロジェクトを成功させるためには、定期的なフィードバックが欠かせないのである。

こういったプロジェクト管理能力を伸ばすだけで、自分の時間をさらに節約でき、キャリアにも役立つはずだ。

プロジェクト管理が滞る〝4つのタブー〟を早期発見することも大切だ。

**第1のタブーは、マルチタスク業務を完了するための充分な時間をプロジェクトに与えないことである。**これはプロジェクトが失敗する主因となる。すべての業務を完了するために充分な時間の余裕を与えなければ、プロジェクトは失敗する。

順調な進行を当然の前提としてしまうことで問題は起きる。**最良の状態を前提に考えてしまうことは第２のタブーだ。**作家のアレックス・マッケンジーは「まちがった仮説はすべての失敗の根源である」といっている。絶対にすべてがうまくいくと仮定してはいけない。問題が起きるかもしれないと考えるのだ。

プロジェクトの最終段階で、**業務の完了を急ぐことは第３のタブーである。**時間や予算の残りが少ないという理由で業務の完了を急ぐと、きまってまちがいを犯し、あとでさかのぼって修正しなければならない事態に陥る。適切な方法で余裕を持って作業を進めるのが、いちばん確実である。

一度に複数のことをしようとすれば、すべて中途半端に終わることになってしまう。**第４のタブーは、一度に複数の作業をやろうとすることだ。**背負っている責任が多すぎると、プロジェクトのさまざまな側面が無視されてしまい、ときにはせっかくの努力がすべて無駄になる。ひとつひとつ確実に作業を終わらせよう。

繰り返していうが、進行状況を見ながらプロジェクトの定期的な見直しをすることはとても重要だ。このとき、予定どおりに進行しているかを念入りに点検しよう。たとえ、はじめにどんなにすばらしい計画を立てたとしても、定期的なフィードバックがなければプロジェクトは成功しない。

プロジェクトを計画し、組織し、管理し、完成させる能力は、成功の核であり、生活、仕事、リーダーシップにおけるすべてにおいて不可欠である。そして幸運なことに、プロジェクト管理能力は練習すれば身につけられる技術でもある。

もし結果を気にかけてさえいれば、その結果をほとんど確実に手に入れられるだろう。ただそれだけをほんとうに、ひたすら望むのだ。同時にほかの１００の矛盾することを望んだりしてはいけない。

――ウィリアム・ジェームズ（心理学者、哲学者）

アメリカはユニークな国だ。国民に出世のための階段を用意している。驚くことに混みあっているのは下段で、上段には余裕がある。

――ジム・ローン（成功哲学者）

## プロジェクトを人まかせにする 13の方法

**●方法1　人材を集めよう!**

プロジェクトの成功に貢献してほしい人材を、すべて集めよう。人材がプロジェクトの命であると肝に銘じよう。充分な時間をとり、チームのメンバーになる人たちを慎重に検討すること。リーダーとして成功するケースの少なくとも95%は、業務遂行にあたって手助けしてくれる人材を選ぶ能力で決まる。チームの構成員を選ぶ段階でまちがえていたら、自分で設定した目標に到達するのがさらに難しくなることが、すぐにわかるだろう。

**●方法2　仕事を分けあたえよう!**

リーダーはチームのメンバーに仕事を分けあたえ、プロジェクトへの愛着を植えつけなければならない。仕事に愛着を感じていれば、精いっぱい成功のために努力できるものである。スタッフひとりひとりには、プロジェクト全体の遂行について個人的な責任を感じさせよう。

**●方法3　共通のビジョンをつくろう!**

共通のビジョンとは、全員が暗黙のうちに了解している、成功の未来予想図である。どのように共通のビジョンをつくればいいだろうか。まずチームのメンバーといっしょに、自分たちが何をやろうとしているのかを考えよう。そしてプロジェクトの理想的な結果を心に描くように促すのだ。

**●方法4　共通のプランをつくろう！**

プロジェクトを首尾よく完了するためには、メンバー全員で討議を重ねて、共通プランをつくりあげなければならない。プランには、プロジェクトを完成させるために必要な段階的な作業も含まれる。ひとりひとりが何をすべきかがわかり、さらに重要なことは、チームのほかのメンバーが何をすることになっているかもわかるようにすることだ。

**●方法5　スケジュールと期限を設定しよう！**

メンバー同意のもとにプロジェクト完了の期限をもうけよう。また、それぞれの業務に段階的な期限も必要だ。各業務に必要な時間について全員に質問しよう。もっとも大きな過ちは、リーダーが、期限を一方的に決めてしまったときに起こる。このようなときは問題が生じ、期限が守れないか、満足できない結果に終わるものだ。そういう事態を避けるためにも、実際に仕事を始める前にチームの同意を得よう。

**●方法6　やるべきことをすべてリストにしよう！**

すべての業務、役割、作業を、いちばん小さな仕事に至るまでリストにしよう。個々の業務に至るまで項目分けするほど、プロジェクトの進行が容易になる。

**●方法7　必要な情報がわかるようにしよう！**

プロジェクトに必要な追加の情報がわかるようにしよう。業務とはべつに、チームのひとりを責任者に指名して、期限を決めて情報を提供してもらおう。

**●方法8　制限している要因を明らかにしよう！**

プロジェクト業務のどの部分が、そのほかすべての作業を完了するスピードを左右しているか、プロジェクト完了までの手順を確認しよう。すべてのプロジェクトのなかに、ほかの業務すべてのスケジュールを決める業務が必ずひとつある。この要因を明確にして、もっとも優秀で能力のある人材と、場合によっては自分自身を、その業務を遂行するポストに配置しよう。

**●方法9　プロジェクトを構成しよう！**

プロジェクトのさまざまな部分を「順次行なう業務」と「並行させる業務」に分けよう。まず、ほかの仕事の前にやらなければいけない仕事がはっきりしたら、その業務を順番に並べて構成する。プロジェクトのはじめから最終点までの「順次行なう業務」を、論理的に順番に組み立てよう。また、それに並行して終わらせる業務も明らかにしておく。複数の作業が同時に行なわれるとき、「並行させる業務」が発生する。複数の担当者が複数の異なる業務を同時に進行させられるように構成しよう。

**●方法10　紙に書いて考えよう！**

紙を用意しよう。グラフ用紙か罫線入りの紙が理想的だ。紙の左側に完成させなければならない個々の業務を、順番にプロジェクトの終了まで記入する。プロジェクトの段階ごとの目標期日も書こう。紙の上部には1日、1週間、1カ月、1年などプロジェクトの内容に応じた時間軸を書きこみ、具体的な業務の進行を考えよう。

**●方法11　責任と期限をゆだねよう！**

プロジェクトを計画してスタッフを集め、すべての業務を遂行する順番に整えてしまえば、あとはそれぞれの業務を一定の期限をつけてメンバーにまかせよう。スケジュールに余裕をもうけ、期限までにそれぞれの業務を楽に完了させることを目指そう。最終期日を遅らせられないプロジェクトほど、確実に予定どおりに完了できるよう、個々の業務のスケジュールには時間の余裕をもたせることが大切になる。

**●方法12　つねに危機を想定しておこう！**

プロジェクト管理のなかでもっとも重要な部分のひとつが、危機の予測だ。危機を予測する秘訣は、プロジェクトを予定より遅らせる可能性があるさまざまな要因を、あらかじめ徹底的に考えることにある。プロジェクトの完了を脅かす障害はどこにあるだろうか？　起こりうる最悪の可能性さえ明確にしてあれば、問題が起きる前に問題点を検討して、事前に手段を講じることができる。

**●方法13　プランBをつくろう！**

行動方針の代替案をつくろう。外交能力に優れたドイツの偉大な政治家ビスマルクは、どんなことにも詳細な代案を持っていたと伝えられている。これは「ビスマルク・プラン」または「プランB」として知られている。同様に、いつもプランBを用意しておくべきだ。予想外の事態をつねに念頭におき、予定外のことがあると考えておく。完全に機能する代替案があれば、何が起きても心配ない。

## 仕事を人まかせにするときの 3つの見極めかた

**●見極めかた1　自分よりうまくその仕事を実行できるのは誰だろうと考える**

能率のよい管理職や成功したリーダーの特徴のひとつは、特定の仕事において自分たちよりも優れた人物を見つける能力があることだ。自分の仕事のある部分を自分よりうまくこなせる人を、つねに探しておかなければならない。

**●見極めかた2　より低いコストで仕事をする人や会社を見つける**

この質問に答えてほしい。「この仕事を自分より低いコストでできるのは誰だろう」。ある特定の分野を専門としている会社は、同じ仕事を専門外の業務の一部として行なっている会社よりも安く、より速くこなすことができるものだ。

**●見極めかた3　その仕事は削除できるだろうかという目で検討する**

自分自身やまわりの人に尋ねてほしい。「この活動をすべてこなせるだろうか」。その仕事がまったく行なわれなかったら、どうなるだろう。ビジネスの多くの日常業務や活動は、生産性を減らすことなく、効率と効果を維持しつつ、とても簡単に削除できる場合もある。

## 人まかせにするときに失敗しない　6つの方法

**●方法1　人を仕事に合わせる**

仕事の世界におけるいちばんの時間の無駄は、仕事をまかせる人をまちがってしまうことだ。スケジュールどおりに終えられない人に仕事を頼まないように気をつけよう。

**●方法2　まかせる内容について話しあう**

最終結果や目標について話しあい、意見をすりあわせる時間をとるほど、より早く仕事を終えられるだろう。

**●方法3　仕事の方法を説明する**

どのように仕事を行なうとよいのか、自分の経験などに基づいて説明しよう。

**●方法4　いったことを復唱させる**

相手の口からこちらの指示を繰り返してもらい、内容を正確に理解したかどうかを確認する。

**●方法5　締め切りを設定する**

あらかじめ締め切りと仕事のスケジュールを決めて、定期的な報告を求めるようにしよう。

**●方法6　不測の事態を想定して管理する**

何か思いがけない事故があったり、スケジュールに遅れが生じたり、あらかじめ決められた仕事の質を守れないときなどには、報告をしてもらうよう取り決めておこう。

# 第8章 失敗の原因を徹底的に分析しろ！は、大まちがい。

# 大事なのは原因を分析するのではなく、「問題を解決」すること！

トップに立つ人たちは、問題が発生した場合、誰が責任をとるのか、どのくらいの損失になるのか、なぜ発生したのかなどと、最初に後ろ向きのことを考えたりはしない。その代わり、まずどうすれば解決できるのか、何をしたらよいのか、といった前向きなことに嬉々として意識を集中させるのだ。問題はいくらでも発生する。成功するのに必要なのは、それを解決する能力なのだ。

## 相手が何を仕事に期待しているかを明確にする

他人とのやりとりで1日のうちのかなりの時間を消費する。そのため、コミュニケーションの質を向上させることで、その有効性は大いに高められる。

一般的に時間の無駄は、役割や目標や責任についての他者とのあいだの誤解によって引き起こされる。何をすればいいのか、どうすればいいのか、いつまでにすればいいのか、といった問題だ。これらの誤解によって不満も生じる。しかも、誤解を解いてものごとを正しい方向へ戻すには、長い時間がかかることが多い。だからこそ、他人との誤ったコミュニケーションが時間を無駄にする主因となるのだ。

優先順位を誤解したせいで、まちがった仕事に取り組んでしまう場合も少なくない。そのため、仕事をする時期やそれに取り組む理由、目指すレベルもまちがってしまうだろう。あるいは自分に合わない上司の下で働くことになるかもしれない。

前向きな感情や高い意欲を生みだすために、**「何を期待されているかをよく理解すること」**が必要であり、いっぽう、いちばんの不平の種は「何を期待されているかわからないこと」でもある。最善をつくすため、何をすればいいのかを知り、要求されている結果やクオリティについて明瞭にしておく必要がある。スケジュールや締め切りも明らかにしなければならない。成功したときの報酬や、失敗したときの善後策も決めておこう。

**他人に中途半端に仕事をゆだねることは、まかせたほうにとってもまかされたほうにとっても、ミスやストレスを生みだすもとになる。**これは大きな時間の無駄である。人生と仕事の成功へのルールのひとつは、「みんなにとって最良の意思を引き受けること」である。しかし、中途半端に仕事をまかせると、誠実で才能のある人であっても不充分な結果しか出せず、いらだちや不満を募らせることになる。

**指揮系統や責任の所在が不明瞭だと、けっきょく時間が無駄になる。**誰が、どんな仕事を、いつまでに、どの程度の質で行なったらいいのか。誰が誰に報告するのか。誰が担当者で、誰が責任者なのか。こうした疑問をすべて明らかにしておかなければならない。

さらに管理職はそれぞれの従業員の仕事を正確に把握していなければならない。効率を高め、誤解を解き、よりよいコミュニケーションをとるために、スタッフひとりひとりと向きあい、彼らが何をすべきなのか、どんな順番でやればよいのか、優劣の基準はどこなのかを話しあう時間をとる責任がある。

不充分だったり不完全だったりする情報が誤った仮定や結論を導き、仕事上の大きな時間の無駄を生むことがある。そのため、**優秀な管理職は結論をくだす前に質問をする時間をとり、相手の答えに注意深く耳を傾け、情報を再確認する。**つねに、「これには根拠があるのか」と問うことを覚えておこう。ある情報を真実だと決めつける前に、必ず確認する時間をとろう。

**無意味な会議はしないようにしなければならない。**なんの問題も解決されず、なんの決定もされず、なんの責任も割りあてられない無意味な会議を数多くひらいても、時間の無駄でしかない。労働時間の25％から50％はなんらかの会議に費やしているといわれている。だからこそ、会議の質を高めるための準備の時間をとったり、互いの疑問を解消することで、効率や生産性をめざましく高めることができるのだ。

## コミュニケーションをとる力が成功への鍵となる

ある調査によると、成功した管理職の84%が、他人と効果的にコミュニケーションをとる力が成功の鍵になったと答えている。他人とのやりとりにおいては、まず理解すること、その次に理解されることを目指そう。

ところが、たいていの人はこのルールを逆にあてはめようとする。相手に自分を理解してもらおうとするばかりで、相手を理解することには時間をかけない。**相手の話をしっかり聞いて、充分に理解しよう。そのあと、自分の話を理解してもらう努力をするのだ。**仕事上、効果的なコミュニケーションをとるには、どんなことを、どんな理由で、いつまでに、どのようなレベルでしなければならないかを完璧に明らかにしておくことだ。それには時間がかかり、注意力や忍耐も必要になると覚えておこう。

目標を達成するため、自分が特定の仕事に集中するには、他人に仕事をまかせることがうまくなる必要がある。**時給に換算したとき、自分が得たい収入よりも低い賃金しか得られない仕事は誰かにまかせて、もっと稼げる仕事に集中したほうがいい。**

人はいつも、もっとも価値をおくことに注意を払っている。もし誰かに価値を見出したなら、その人の話を真剣に聞こう。仕事の結果に価値をおくなら、仕事が成功するかどうかに細心の注意を払おう。有能な管理職は自分が責任を持つ部門や部下が成し遂げる成果に価値をおき、まわりで起こっていることすべてに細心の注意を払うものだ。

また**上司がもっとも大事だと思っている仕事に集中し、全力を注ごう。**上司に新たな仕事を指示されたら、まず自分がするべき仕事のリストを取りだし、新しい仕事の優先順位を上司に尋ねよう。能力の限界まで仕事をしている場合、新しい仕事をするためには古い仕事をやめなければならない。多くの上司は部下の仕事の予定表がすでにいっぱいであることを理解していない。新たな指示を受けたら、新しい仕事をするためにどの仕事をやめるべきかを尋ねよう。これは、誤解を最小限にし、コミュニケーションを高めるすばらしい方法である。

どんな組織や家庭にも、決定には3種類あるものだ。とくに他人を巻きこむ決定をするときは、これからどんな決定がなされるのかを明らかにしておかなければならない。

**①命令的な決定。**とても重要な決定なので、何をすべきかを決める責任は上司や責任者などひとりの人物が担う。主戦力となるスタッフを雇ったり、不満足な結果を出した者を解雇したり、投資上の大事な決定をくだしたり、販売や取引の最終決定をくだしたり、銀行と新規のローンの交渉をしたりするのはすべて命令的な決定である。

**②相談的な決定。**自分や上司が、ほかの人からのアドバイスを求めたり、意見を取り入れたりして決定するもの。新しい人材を雇ったり、特定の任務を誰かに割りあてたり、まとまった資金をビジネス活動に支出したり、新しい販売戦略やマーケティング・キャンペーンに投資することなどが含まれる。

**③総意による決定。**全員で議論し、何がなされるべきか合意に達したのちの民主主義的な決定だ。全員が同意することもあれば、多数決で決めることもある。いずれにせよ、一度決

定がくだされたら、全員がその成功に向けて全力を投じなければならない。

## 問題を効果的に解決する能力を磨け

トップに立つ人たちの特徴のひとつは、かなりの「解決指向」だということだ。彼らは誰が責任をとるのか、どのくらいの損失になるのか、なぜ発生したのかということを考えたり、話しあったりはしない。そのかわり、解決法や問題に取り組むために何をしたらよいかに意識を集中させる。

**リーダーシップとは、問題を解決する能力を指す。成功とは、問題を解決する能力と等しい。**成功者たちは、必然的に避けられない日常のさまざまな問題を解決する能力が高い人たちなのである。

人生や仕事でもっとも大きな時間の無駄を省くためには、正しい方法で問題を解決する能力が必要である。効果的に能率よく問題に取り組み、問題を克服し、希望する結果や目標に向かって前進することが必要なのだ。

ひとたび決定がくだされたら、決定を実行するために責任を割りあてたり、受け入れたりしよう。スケジュールを立て、締め切りを設定しよう。何をしなければいけないのか、誰がするのか、どんな予定でするのかを全員がはっきり理解していなければならない。

他人とともに働くうえで鍵となる仕事術のひとつに、その**組織への貢献に集中すること**があげられる。これは、よいコミュニケーションやすばらしいチームワークの重要な要素となる。集中すれば無駄なおしゃべりやうわさ話も減り、時間の無駄遣いが改善される。

自分が仕事を頼んだ部下に、逆にその処理を頼まれる場合、仕事の指揮系統が下向きにではなく上向きに進むことになる。仕事が上司から部下へではなく部下から上司へと流れ、上司は戻された仕事をすでに積み重なっている仕事の山に加えてしまうことになる。この流れに抵抗することが時間の無駄を省くうえで重要なポイントとなる。

**仕事の方法について、自分の部下や他人を訓練し、教育するための時間をとろう。**彼らを訓練すればするほど、彼らの自信をより高め、より多くの仕事をまかせられるようになる。

そして、教育する側になることで、自分自身のエネルギーも高められる。

**他人とコミュニケーションをとったり、いっしょに仕事をするうえで大きな問題や時間の無駄になるのは、あいまいな理解である。**反対にものごとが明確であるほど、時間の節約と問題の発生の防止になる。何かを復唱したり、討論したり、同意を確認することで明確さを手に入れられる。すると、時間の無駄を省くという点で大きな成果をあげ、人生と仕事のあらゆる分野で能力が向上するだろう。

人を感動させる以前に、あなた自身が感動にひたることだ。人に涙を流させる以前に、あなた自身が泣くことだ。人に信用してほしければ、まず自分を信じることだ。

――ウィンストン・チャーチル（政治家）

人間の持つ洞察力ほど強力なものはない。どんな欲望が人を駆りたて、どんな本能が人の行動を支配するのか。ある人間のそんな面を知ることができたら、その人の本質の奥底に触れられるだろう。

――ジェームズ・アレン（著述家）

## 問題を迅速かつ効果的に解決する７つのステップ

**●ステップ１　問題をはっきりさせる**

まずは、こう考えよう。「正確には何が問題なのか」。問題をはっきりさせ、できるだけ紙に書いてみよう。的確な診断をすることで治療は半分終わっている、というわけだ。問題点をはっきりと認識すれば、すばやい解決へとつながることがある。

**●ステップ２　ほかに何が問題なのか確認する**

ひとたび問題をはっきりさせたら、ほかに何が問題なのかを考えよう。また、たったひとつの説明しかない問題に決して満足してはいけない。ひとつの問題を何通りにも説明できないか確かめよう。

**●ステップ３　可能性のある原因をすべて明らかにする**

その問題がどのように発生したのか考えよう。その問題の原因として考えられるものはなんだろうか。問題の原因をはっきりさせると、当然、すぐに問題が解決できる。二度と問題が起こらないようにするための解決法がわかることも多い。

**●ステップ４　可能性のある解決法をすべて明らかにする**

結論に飛躍する前に、問題を解決するためのあらゆる解決法を考えよう。たったひとつの答えしかないとするのではなく、問題に対して考えつくかぎりの解決法を紙に書いてみよう。

●ステップ5　解決法を決定する

すべての情報を得たら、いよいよ決定しよう。もっともよい解決法だと思えるものを選ぶのだ。しかし先に進む前に、それがいちばんよい解決法だという理由を検討しよう。この検討に時間をかけるほど、より正確な答えが得られ、時間の無駄も省ける。

●ステップ6　予備の解決法も考えていく

最高の解決法を決めたと思っても、それがまったく機能しない可能性も考えておこう。そのとき、どんな善後策があるだろうか。解決法の代案を考えていくプロセスは、問題やすべての可能性に対する見かたを広げる。代案を考えることで、独創的な解決法に発展させられることも珍しくない。

●ステップ7　最悪の結果の可能性も考える

解決法を実行する前に、最悪の結果の可能性についても考えよう。決定をくだす過程にはいつも、危険の要素が存在する。手に負えない最悪の結果が訪れる可能性も意識しよう。

# 第9章

# 成功するには情報ばかり追いかけていてはダメだ！は、大まちがい。

# トップに立つには、効率よく仕入れた情報が最大の武器になる！

人生はほとんどの場合、確率の法則で説明できる。例えば、人生を成功に導くための新しいアイデアに出合う確率は、いかに自分が新しい情報に触れているか、その絶対量によって大いに変わってくるのである。とはいえ、すべての情報に精通するのは至難の技。大事なのは、いかに有益な情報を効率よくたくさん手に入れるかなのだ。

## 情報に触れるほど、アイデアが出る確率もあがる

わたしたちが暮らしているのは知識を基盤にした情報社会である。成功している人は、他者よりも情報に通じていたにすぎない。そのため、つねに自分の業界の動向に通じ、たえず新しい情報やアイデアを取り入れ、ほかの人の先を行くことが重要である。現在、情報量は5年から7年、分野によっては2、3年のサイクルで倍増し続けている。つまり、今より多くの収入を得たいのなら、継続的に新しい知識とスキルを身につけなければならない。

**たったひとつの新しいアイデアや情報で人生を変えられる。**人生の転機は、自分の考えと新しい考えがぶつかるときに起こるものだ。だからこそ、**日頃から新しいアイデアに触れようと努めている人たちは、ほかの人よりも早く前進できることになる。**ほとんどの人生は確率の法則で説明できる。この法則によれば、事実上すべてのことが起こりえる。そして、たいていの場合、かなり正確にその確率を算出できるのだ。金融、投資、保険業界で行なわれ

る予測のほとんどは、ある種の確率の推定に基づいている。

どんな試みでも、成功の確率をあげるひとつの方法は、時間をうまく活用することである。明確な目標を定め、詳細な計画を立て、はっきりと優先順位をつけて、もっとも大切な仕事に全集中力を傾ける。こうすれば、成功の可能性や確率が劇的に上昇する。情報の時代には、さまざまなアイデアや情報に触れ、それらを取り入れる努力をしている人ほど、必要なアイデアや見識にタイミングよく出合える可能性が高まる。その結果、成功の確率が大いに上昇するのだ。

## 未来を切り開くための3つの鍵

後れをとらず、人の先を行くための3つのポイントを教えよう。

まず、**日々のプランを前もって立てよう。**その日の任務、活動、優先事項をきちんと整理して紙に書き、その計画に沿って1日を始めるのだ。必ずもっとも重要な仕事から手をつけよう。

次に、**オーディオ教材を車のなかで聴こう。**運転中はオーディオプレイヤーをつねにオンにしておく。どんな小さな機会も逃さず、人生や仕事のヒントになる新しいアイデアを学びとろう。

最後に、**個人的な職業上の成長に意識を集中させよう。**何かを読んだり学んだりして、成長する努力をするのだ。そうすれば、仕事の目標や理想の収入を実現するための、何年分もの苦労が浮く。タイミングがよければ、小さな情報ひとつだけでキャリアの方向性ががらりと変わることもある。

自分で限界を決めてしまわないかぎり、なりたいものになるのに制限はない。時間と労力を惜しまず、前もって準備するなら、不可能なものは何もないのだ。業界の流れについていこう、その先を行こうという決意が潜在能力をフルに引きだしてくれる。今の仕事でいちばんになれるならば、どんな目標にも到達できる。休まず学び、そして成長し続けよう。

わたしには6人の誠実な召使がいる。彼らはわたしの知りたいことをすべて教えてくれた。彼らの名前は――いつ（When）、どこで（Where）、誰が（Who）、何を（What）、なぜ（Why）、どのように（How）――である。

――ハイアラム・スミス（コンサルティング会社CEO）

勝利とは落雷のように一瞬にして起こるものではない。天気のように時のなかを着実に前進する、力の集合体なのだ。

――ジョン・C・ガードナー・ジュニア（小説家、批評家）

## トップに立つための情報を手に入れる 15の方法

**●方法1　本を読む人はリーダーになる**

1日に少なくとも1時間、専門分野についての本を読もう。1日1時間読書をすると、だいたい1週間で1冊の本を読む計算になる。すると、1年後には約50冊を読了できる。1日1時間本を読むだけで、3年もしないうちにその分野の専門家になれるだろう。そして、5年で国内の権威に、7年で国際的な権威になれるはずだ。人の上に立つ者は皆、本をよく読むものである。まず1カ月間、読書の効果を試してみよう。1日1時間の読書をすると、たいてい1カ月後には変化が現れるはずだ。読書は精神の運動のようなものである。毎日読書をすると、今よりも聡明に、そして機敏になるだろう。より積極的に、より明晰になり、今よりも知的に、創造的になれる。そして、これまで見逃していたような可能性や機会を見出せるようになる。

**●方法2　いちばんの資産である自分に投資する**

知識とスキルの向上のために、今日から所得の3%を自分に投資しよう。収入の3%を個人的に、あるいは仕事上の成長のために費やすのだ。自分が関係する業界の専門誌をすべて購読する。ビジネスに役立つ本はすべて買う。車のなかでオーディオ教材を聴く。ひとりで、または部下といっしょに映像教材を見る。できるだけ講習やセミナーに参加する。

**●方法3　価値が上昇する資産VS価値が下落する資産**

車はいわゆる価値が下落する資産である。買った瞬間から毎年価値が下がり、ついにはまったく価値がなくなってしまう。いっぽうで人間の脳は価値が上昇する資産である。本を読み、新しい知識やスキルを身につけて自分に投資するほど価値があがる。いくら車に投資しても、すぐに価値はなくなってしまう。だが、頭脳に投資すれば、価値を生みだすための新しいアイデアが得られるのだ。知識と経験の豊富な人が高い収入を得ているのはこのためである。彼らを見習おう。

**●方法4　専門分野の雑誌や業界誌を読む**

専門分野に関連した論文や記事が載っているビジネス出版物を読もう。すべて購読しよう。購読費用はたいした負担ではない。だが、何かひとつでもヒントになるアイデアに出合えたら、それは何年分もの仕事に相当する。専門家が書いたひとつの論文のひとつの見識が、自分のキャリアの方向性を変えてしまうこともある。多くのアイデアに触れるほど、いざというときに必要なアイデアを得られる可能性が高くなるのだ。

**・大量の出版物を効率的に読むテクニック**　ビジネス界、とくに自分の業界の動向に敏感でなければならない。だが、毎日多方面から寄せられる情報量の多さに圧倒されてしまうのが現実だ。本や雑誌などの場合、いちばん重要な部分を読む術を身につけなければいけない。

このためには、破って読む方法が有効である。雑誌などは前から順番に読んでいくのではなく、まずは目次を見て興味がある記事を選んで破り、あとで読むためのフォルダーにファイルする。いつもフォルダーを持ち歩き、移動時間などの細切れの時間を活用して読む。この方法を使えば、大量の情報もこつこつと読み進められる。時間をかけずに記事を読むには、その記事が役に立つかどうかを見極め、役に立たないと判断すれば、一切読まないことである。

**・今役立たない情報をインプットすることは時間の無駄**　成人の脳は、現状に関連し、適用できるものだけを記憶するようにできている。どんなに興味深いことでも、現在の生活や仕事に結びつかず、とくに応用するあてもないと、ざるで水を汲んだように記憶の網をすり抜け、すっかり忘れてしまう。「いつか役に立ちそう」なものを読んでも時間の無駄である。今の仕事に関連がないものを読むことは、役に立つかもしれないものを読み損なっているに等しいのだ。

**●方法5　大学教授の本は読まない**

専門家が書いた本を読もう。仕事や生活の質を向上させるために、すぐ利用できる実用的な情報が載った本を読むのだ。では、何を基準に読む本を選んだらいいか。簡単な方法としては、わずかな例外を除いて、業界の第一線で活躍している人の著書だけを読むことだ。大学教授の著書は論理的にはまちがっていないが、現実の、本物のビジネスには通用せず、成功した人生を送るには役立たない。

おもしろそうだと思える本を見つけたら、まず著者の経歴を調べよう。どんな業績があるか、どこで働いてきたか、仕事上どんな経験をしてきたか。自分と同じ業界で輝かしい実績をあげた人の本を探すことだ。

情報を得るのに信頼できると判断したら、目次を見て、その本の内容が自分の専門分野に関連するかどうかを確認し、実用的なアイデアを探す。目次を見て、内容が少しも実用的でなかったら、まったく読まないほうが身のためである。

**●方法6　自分の図書館をつくろう**

人間は習慣の産物である。子どものときに、図書館で本を借りてきて読み、また返しにいくという習慣をつけた人は多いだろう。大人になっても、この習慣を続けている人は少なくない。時間は何よりも貴重な資産である。年間所得が5万ドルの場合、それを平均的な労働時間の2000時間で割ると、1時間は25ドルの価値がある。時間を使うときは、つねに、この「時給」を頭に入れておかなくてはならない。図書館に行って、本を眺め、貸出し手続きをし、持ち帰り、また返却に来る。そんなことに2時間も3時間も費やす必要はない。それならば、本を買って持ち帰り、いつでも読めるように手もとに置いておくほうがよっぽど経済的で、効率的だ。

教科書に何も書きこんではいけないと学校では教わったかもしれないが、むしろ、赤や青のペンでポイントとなるアイデアや構想に下線を引き、印をつけよう。ページの隅を折るのもよい。余白に感嘆符やマークを記すのもいいだろう。重要な部分をすぐ読みかえせるようにしておくのだ。

**●方法7　速読法の講習を受けよう**

読書量と記憶量を増やす速読法の講習を受けることは、もっとも価値のあることのひとつだ。速読法の講習は数多く存在するがその原理はたいてい共通している。1回目のレッスンで、実際に読む速さが3倍に加速する。

**●方法8　インターネット書店を利用しよう**

インターネット書店を利用しよう。住所やクレジットカード番号などを入力するだけで買いものができる。ためになりそうな本のうわさをきいたら、ネット上で簡単な概略を読む。気に入った本をオンラインで注文すれば、数日で本が届く。図書館に通ったり、書店に出向いたりするよりも、かなりの時間を節約できるはずだ。

**●方法9　効率的な読書法を学ぼう**

ノンフィクションの本を効率的に読む方法を学ぼう。OPIR法と呼ばれるものがもっとも効果的である。OPIRとは、概要把握↓下読み↓本読み↓仕上げ読み（Overview-Preview-Inview-Review）のことだ。次にその手順を説明する。

**・効率的な読書法1【概要把握】**　本を手にしたら、いつものように最初のページから読んでいくのではなく、まず表紙と裏表紙を読む。本や著者の重要な情報が載っている表紙の折り返しも読む。目次を順に追っていき、とくに興味を引くテーマや見出しがあるか探そう。次に、ページをぱらぱらとめくり、その本の構成に慣れよう。各章の見出しとページのレイアウトを見て、表やグラフなどの図版を見る。1冊を通して、データがどのように使われているかを把握するのだ。概要をつかむための作業にかかるのは、せいぜい10分。だが、これだけで「目的を持って」読み始められるようになる。

その本から何を得たいかを事前に決めると、読むための明確な目標ができるからだ。

・**効率的な読書法2【下読み】**　次のステップは「下読み」である。もう一度ページをひと通りめくり、その本のレイアウトや内容をより深く把握する。下読みの段階では、おもに各章の冒頭の文や段落など、ところどころを読んでみる。各章の終わりに問いや概要があれば、それを注意深く読み、本読みに入ったときに何を学ぶことになるかを理解しておこう。

・**効率的な読書法3【本読み】**　この段階では、本腰を入れて、1ページずつすばやく読んでいく。概要把握と下読みの段階で、すでに興味がわいているはずだ。本読みでは、知識の隙間を埋めることを意識しながら本文に含まれている情報やアイデアを探そう。読んでいる文章を指でなぞりながら読んでみよう。カラーペンを持ち、おもしろい、または、大切だと思うアイデアがあればメモをとる。重要な部分など、あとで再読したいページは、隅を折っておくとよい。

・**効率的な読書法4【仕上げ読み】**　最後のステップでは、もう一度最初からページをめくっていき、印をつけておいた大事な部分を読み直そう。反復は学習の母である。新しい情報を吸収し、それを長期間記憶にとどめておくには、3回から6回は繰り返してその情報に触れなければならない。「概要把握→下読み→本読み→仕上げ読み」の4段階によって、たとえば、300ページの本を読むのに費やしていた6〜8時間が、2、3時間に短縮できる。この方法を練習するほど、速く、効率的に読めるようになり、より多くの情報を記憶できるようになる。このOPIR法を繰り返し使えば1週間に数冊の本を読めるようになるはずだ。これを習慣づけて、それぞれの本のポイントをメモしておけば、そのメモで自分だけの図書館ができるうえ、何カ月、何年経ったあとでも、簡単に読みかえせる。

**●方法10　書籍や雑誌の山をなくそう**

「溜め込み症候群」という問題を抱えていないだろうか。これは、手放したくない読みものが絶え間なく届けられるときによく起こる。オフィスや自宅に、読みものの山を築き始めるのだ。そして、置き場所をもっとつくるために、長時間かけてオフィスや自宅の模様替えをしたりする。

年に一度、山と積まれた読みものに、ある重要なルールを適用しよう。「これは届いてから6カ月以上経っただろうか」と考えてみるのだ。そして、読まずに6カ月以上放置されていたものは処分する。頭をクリアにし、最大の効率を発揮させるには、捨てる習慣をつけることが重要だ。迷ったものも、思いきって捨てよう。6カ月以内に読まなかったものは、この先もきっと読むことはないだろう。掲載されている情報も古くなるばかりである。

**●方法11　無駄な購読は中止しよう**

これまで、わたし自身あらゆる雑誌、新聞、ニュースレターなどの購読を勧誘されてきた。人生や仕事に役立ちそうだと思ったら必ず試読の申込みをして、まずは届いたものを読んでみることにしている。そうやって購読してきたものは、週刊、隔週刊、月刊など、これまでに合わせて50～60種にのぼる。

しかし、ある時点で、「この購読は、目標達成に役立っているだろうか」と、考えてみなければならない。同じ分野のほかの出版物よりも確実に役に立っているだろうか、と。当然ながら、配達されるもののすべてを残らず読む時間はない。もし、その購読が目標達成に役立たない、人生においてなんの得にもならないと判断したら購読を中止すべきである。

**●方法12　定期的にセミナーや講習を受けよう**

豊富な経験やすばらしい業績を持つ人のセミナーや講習を受けよう。専門家によるセミナーやワークショップに出席すれば、膨大な量の実用的な情報が短時間に得られる。講演者が10年から20年をかけて学んだことの要約を聴けるからだ。そして、自分に合ったテーマのセミナーを一度受けるだけで何年分もの仕事の手間が省けるかもしれない。

**●方法13　関連業界の団体・協会に参加しよう**

同業者と交流できる、業界団体・協会に入会しよう。その業界の代表的なもの、もしくは一流の人たちが会員となっているものに参加するのだ。地域の商工会議所に入会し、定例会に参加するのもよい。業界団体・協会に所属する人たちは皆、業績をアップさせるための手段や機会を求めて入会する。これらの会合に行けば、ビジネスの目標達成のために、互いに助けあえる仲間に出会えるだろう。また、会合に参加しさえすればいいという考えは捨ててほしい。もっと積極的にかかわる覚悟をするのだ。委員に立候補したり、誰かが自発的にやらなければいけないことに取り組もう。どんな業界団体でも、もっとも重要で尊敬されている人たちは、その組織の活動と成功に積極的に貢献している。そのひとりになろう。やがて業界のトップたちと会い、ともに仕事をする機会が得られる。時間と労力を惜しまず差し出せば、広い有力な人脈もできる。これは、のちのち大いに頼りになるだろう。「見返りを期待せずに与えた分だけ、いつか意外なところから自分に返ってくる」のだ。

**・成功の公式【T×R＝P（才能×人脈＝生産性）】**

キャリア上の目標を達成させるにあたり、大幅な時間の節約が可能になる簡単な公式を教えよう。T×R＝P。Tは才能（talent）の略である。仕事に生かす才能、能力、スキル、知識、経験を指す。Rは人脈（relationships）である。知人の数、なんらかのかたちで影響を与えうる人の数である。Pは生産性（productivity）を意味する。自分があげる成果や生みだすものの量と質を指す。いいかえれば、腕をあげるために休まず働け、ということである。そして、たえず人脈やコネを広げる努力をしよう。そうすれば、生産力や自身の価値は上昇し続ける。

**●方法14　スピーチの講習を受けよう**

人前で話す恐怖を克服するために、どうやって話す内容を準備し、伝えるかを学ぼう。臨機応変に話す能力は、ビジネス界でもっとも賞賛されるスキルのひとつである。この技術を身につけると、新しい扉がひらかれる。度胸がつき、自信がつく。自尊心も高くなる。人から尊敬され、感心される。

そして、その技術をもっと高いレベルで生かす機会を得られるようになる。

**●方法15　ゴールデンアワーを自分に投資しよう**

業界で一歩先を行くために、早起きしてみよう。5時半か6時には起き、1日の最初の1時間を自分自身に投資するのだ。この時間はよくゴールデンアワーと呼ばれる。その日1日の調子を決めるからだ。毎朝早起きして、1時間何かためになるものを読む。すると、最高の仕事をするための心の準備を整えてから1日を始められることになる。

# 第10章　石の上にも三年、継続は力なり！　は大まちがい。

# まちがった仕事、まちがった目標に未来はない！

理想としない仕事に就き、その職にとどまるのは、もっとも大きな時間の無駄である。人生の最大の目標は、自分が幸福になり、人間として自分の能力を発揮することだ。本当に自分に合った楽しめる仕事を選ぼう。人が成功し、よい生活を築くための職種は数え切れないほどあるのだ。

## 将来の計画を立てることから未来は始まる！

成熟した人間になるためには、人生の哲学が必要だ。そのためには、時間が貴重なもので、ほかのものとはかえがたい要素であると認識しなくてはならない。

では、どうやって人生の哲学を身につけるか？　まず、長期的な視野に立ってものを見ることである。真の成功者たちのように、できるだけ遠くの未来に目を向けるのだ。

自分に問いかけてみよう。**「人生の目標を定め、重要な決断をくだすとき、どのくらいの期間を考慮しているだろうか」**と。この問いの答えが、自分の将来のかなりの部分を左右する。何かを決断をするときに考慮する未来が遠いほど、よい決断ができる。長期的な成功は、ひとつひとつの決断の質にかかっている。よい判断が積み重なることで、自分が計画したとおりの長期的な成功を確実に手に入れられるのである。

長期的な展望を持ってものを考える習慣をつけるには、品格が必要である。また、将来を見据えながら暮らす習慣をつけることによって、品格が育てられる。どんな場合でも品格は自己鍛錬の心がけの結果として身につくものであるからだ。

**遠い将来の実りのために、目の前の痛みに耐える習慣をつけよう。よりよい成功のための対価は喜んで支払おう。**こうした行為はつらく、ときに犠牲を伴う。しかし、長い期間を意識してものを考え、経済的に独立しようと努力をすれば、あなたの品性はさらに磨かれ、人間としてもほんとうに立派な人物となるだろう。

人生の哲学を身につけるために最初に必要なのは、遠い将来を視野に入れることだ。次に、長い時間を短く区切ってみよう。何時間とか何日間という長さでなく、分単位まで区切るのだ。時間をより細かく刻んで考えて日々の予定を考えるほうが、いっそう成功に近づく。成功者たちは、日々分刻みで活動しているものだ。

自分がいかに時間を効果的に使っているか記録しよう。この何分間、何時間をどう使っていたかをよく考える人ほど、自己管理の達人になれる。たいていの人は時間の使いかたに注意していないため、多くの時間を無駄にしていることに気づいてすらいない。

たとえば、15分ごとにアラームが鳴る腕時計を手に入れよう。アラームが鳴るたびに、手をとめて自分を顧みる。できればアラームが鳴るたびに、自分がしていたことをノートに記録するといい。そして、「これは最適な時間の使いかただろうか？」と繰り返し自問しよう。**生涯、注意力を磨き続けよう。**自分の時間の使い道に気をつけるほど、より効果的で生産的になれる。時間は過ぎさっていくものだという意識を強く持つほど、時間をうまく使えるようになる。

## 自分の能力をいちばん生かせる仕事について考える

多くの人が自分に合わない仕事、あるいは満足できない仕事に就いている。そういう人はほかの仕事やほかの場所で、べつの技術や能力を生かすべきである。**自分が理想としない仕事に就き、その職にとどまるのは、人生のもっとも大きな時間の無駄である。**自分にとってもっとも生産的な年月が奪われてしまうからだ。

自分の仕事、職業、地位で何か変えたいと思うものはないだろうか？　その答えによっては今の仕事が「自分には」合っていないというよい目安になるだろう。もしかすると現在、経済的な理由や月々の支払いや生活費のためだけに働いているのかもしれない。

**自分の仕事が好きだろうか？**　好きなことを仕事にしている人の割合はとても少ないが、皆とても幸せで、大いに満足しており、たいていは、その分野で最高の報酬を得ている。人生や時間を自分に合った職業に費やしているかどうかは、自分が職業や将来をどう考えているかを見つめてみるとわかる。その業界の第一人者になりたいと思うほどその仕事が好きだろうか？　もしその分野でいちばんになりたいとは思わないのであれば、その仕事が自分の天職ではないというよい目安になる。今の仕事を今後20年間続けたいと思っているだろうか。その仕事にやりがいを感じているだろうか。充実しているだろうか。月曜の朝が待ちどおしく、金曜の夜には仕事を離れるのがつらいだろうか。成功した人々のこの質問への答えは「イエス」である。成功できない人々の答えは、必ず「ノー」である。

今日の経済社会には、10万種をこえる職業がある。人が成功し、よい生活を築くための職種は数えきれない。何かひとつの地位や、特定の会社、または産業に縛られていると感じる必要はまったくない。**何よりも優先しなくてはならないのは、自分に合った楽しめる仕事を選ぶことだ。**自分の本来の才能を生かすことができ、能力を最大限に引きだせる仕事を探そう。その仕事の第一人者になりたいと願える仕事を見つけなくてはならない。

**過去は「支払い済みの経費」である。**過去に経費として費やした金額は二度と取り戻すことはできない。支払い済みの経費を回収したり、少しでも価値を引きだそうとして金を追加投入してはいけない。過去のマイナスの数字は損失として扱い、未来に集中すべきである。そして、自分が今は使えない無駄な技術を身につけていると気づいたら、市場経済のなかで役に立つ技術を新たに学びなおす以外に道はない。

人生を失敗する理由は、時間の浪費をやめられないからである。時間の浪費の最たるものはエゴへの投資だ。人はエゴのせいで、自分の過ちを認めようとしない。まちがっていたと気づいても認められないのだ。しかも、自分のまちがいを取りつくろうために長い時間や資金を投入し、事実と向きあうことを拒否する。

自分のエゴにふりまわされるのではなく、エゴをコントロールする術を学ぼう。自分が完璧ではないと受け入れよう。なんであれ、**人生で最初の挑戦はなかなか成功しないものだ。**ただ、自分が愚かな選択をしたと認めればいい。次の機会にはべつのやりかたをすればいいのだから。

いったんまちがいを認めたら、もういいわけや正当化は必要ない。再スタートを切ろう。新しい決断をくだし、べつの道を選ぶことができる。仕事で自分の特別な才能や能力を発揮することに集中し、輝かしい未来をつくりあげることができる。

この先の人生で、自分が何年間も本気でやりたいと思うことはなんだろうか？　どんな仕事でも可能だとしたら、何をするだろうか？　どんな業界でもいい、あるいは国の役職について特別な任務を担うとしたら、なんでも思いのままになるとしたら、自分はどんな選択をするだろう。

今日では、男女を問わず40代や50代になってから再び学生になるという話は珍しくない。そうした人々は数年かけて修士号や博士号をとり、その後、10年から20年間は自分の専門を生かす場に落ちつく。もちろん、誰もが彼らと同じようにできる。どんな過去を過ごしてきたとしても、人の未来には限界がない。今すぐに、ほんとうに好きな仕事をするための準備に取りかかると決めよう。何よりも喜びを感じ、やりがいがあって満足できる仕事をしよう。目標を定め、計画を立てて行動を開始するのだ。知識を増やして技術を向上させるために毎日何かをすることで、自分が目指す理想の分野で働く日がさらに近くなる。

人は、自分が望む仕事に必要な知識や技術を身につけるまでには何年もかかってしまうだろう、と不満をいう。しかし、時間とは過ぎさっていくものである。今から5年後、あなたは確実に5歳老いている。10年後なら、10歳年齢を重ねている。もし、ほんとうにやりたいことがあって、その準備に年月がかかるのなら、今、この瞬間に行動を開始するのがいちばんだ。いずれにしても時間は過ぎていくのだから。

**まちがった仕事に就いているせいで無駄になるのは時間だけではなく、自分の人生である。**

自分に合った仕事をすれば、ほかのどんな方法よりもこの長い人生を幸せで満ちたりたもののにできる。

**人生における最大の時間の無駄遣いは、おそらくまちがった人間関係にとどまっていることだろう。**若くして結婚したり、20代で誰かと暮らしはじめ、幸せでないにもかかわらず、何年もその状況を続けている人たちがあまりにも多いことに驚かされる。彼らは、そうして過ぎていく年月が二度と戻ってこないことをまったく考えていない。

人づきあいの目的はなんだろう？　その答えを単純にいえば、その人とつきあわないよりも、つきあったほうが自分が幸せになれるからだ。明らかに多くの人々がこの点を見すごしている。**どんな行動も、自分の人生を改善する目的を果たさなければならない。**その行動や決断をしたほうがより幸せになれるのでなければならない。したがって、人間関係にまつわる決断は、人生でもっとも重要な決断ともいえる。正しい人間関係を選べば、そうでなかった場合に比べて、ずっと幸せになれるからだ。そして、まちがった人間関係を選択してしまったら、自分の希望や夢を打ち砕くことにもなりかねない。

すべてを白紙に戻す質問を考えてみよう。もし、ある人たちとのつきあいをしていなかったとしたら、あるいは結婚をしていなかったとしたら、今の自分はもう一度同じことを繰り返したいだろうか。これはもっとも厳しい質問かもしれないが、もっとも重要な問題でもある。もし彼らとのつきあいが原因で不幸であると気づいたら、何か手を打たなくてはならない。この先、何年くらい生きるだろう。その残りの人生をずっと不幸で不満なまま生きていく覚悟があるだろうか。

ある人間関係を断ち切りたいと決心したら、次はこんなふうに自問しよう。この環境から脱けだすにはどうしたらいいだろうか？　それにはどのくらい時間がかかるだろう。

**人生の最大目標は、自分が幸福になり、人間として自分の能力を発揮することだ。**理想の人間に近づくための障害があれば、なんであれ慎重に吟味して対処しなくてはならない。わたしたちは他人の拒絶を恐れるあまり、自分の性質をゆがめ、他人が共感してくれそうな行動をとろうとする。つねに、他人に受け入れられるには何をすればいいのかを考えている。だが、他人を喜ばせることに忙殺されると、自分を見失ってしまいかねない。

幸せになるための鍵は「すべてにおいて、まず自分について考える」ことである。この方法で、とりあえずは自分という「ひとり」を幸せにできる。他人を喜ばせる確実な方法など決してわからないのだから、せめて自分が喜ぶことをしよう。

他人が自分をどう思うかと気にしすぎてはいけない。実際、他人は、人のことをそんなに真剣に考えているわけではない。たいていの人は自分の問題や関心事で頭がいっぱいで、他人の行動や生きかたを考える暇はない。自分の人生の舵は自分でとろう。自分が行きたい道を進もう。自分の運命は自分で決めよう。なんであろうと、そのときに自分が正しいと思えることをすればいい。自分のために。

**自分の時間についてはわがままになろう。**時間は人生そのものであり、この人生はリハーサルではないことを忘れてはならない。自分の目的や希望とは違う方向の要求には「ノー」といおう。

「ノー」といわれた人は多少の失望を口にするかもしれないし、自分も罪悪感を感じるかもしれない。それでも自分の道を進もう。

人生の哲学を身につけるには、時間を金のように扱う必要がある。自分の収入から時給を割りだし、何をする場合にもその金額をひとつのものさしにするのだ。そして、価値の高い仕事に集中して取り組もう。

自分の理想のライフスタイルを思い描こう。**もし経済的に困らないなら、今日から自分の人生をどんなふうに変えるだろうか？**　頭のなかで自分なりの完璧なカレンダーをつくってみよう。それぞれの1日、あるいは週ごとに何をするだろう？　どこへ行くだろう？　家族とどんな休暇を過ごすだろうか？　何時に寝て、何時に起きるだろう？　なんでも好きなように選べるとしたら、自分のライフスタイルの何を変えるだろうか？　より鮮明に理想のライフスタイルを考えれば、目先の決断をくだすのが楽になる。そして、その決断が将来のあなたのライフスタイルをかたちづくる。

人生を変えるには4つの方法しかない。第1に「もっとたくさん」何かをすること。つまり、もっと自分をうまく機能させるのだ。第2に何かを「もっと減らす」こと。自分の人生や生活のなかで役に立たないものを減らしていく。第3に今はやっていない何かを新たに「始める」こと。そして第4に何かを完全に「やめる」こと。
自分の妻か夫、そして子どもたちに尋ねてみるといい。「自分にもっとしてほしいことはなんだろう。何を減らしてほしいだろうか。何を始めてほしいだろう。何をやめてほしいだろうか」きっと家族ならではの価値観で、賢く効果的なアイデアや意見を出してくれるだろう。

さらに**人生をふたつの大きな部分、仕事と家族とに分けよう。**このふたつに比べれば、ほかのことの優先順位は低い。働くときには、時間いっぱい働こう。時間を無駄にしてはならない。同僚とおしゃべりしたり、コーヒーを飲んだり新聞を読んだりして過ごしてはいけない。ネット・サーフィンもだめだ。昼食や休憩に長々と時間をかけてはいけない。遅刻も早引けもだめだ。とにかく、働くときには、働くのだ。
家族といるときは、100%の時間をいっしょに過ごそう。新聞を読んだり、テレビのチャンネルをあれこれと変えたり、電話をしたり、コンピュータを使ったりしてはいけない。そんなことはせず、自分にとってもっとも大事な人たちといっしょにもっとたくさんの時間を過ごそう。

## 自分の心の声を信じよう

心の安らぎは、すべての人間活動の目的である。**人生のバランスがとれていて、はじめて安らぎのある時間が持てる。**それは自分が本気でやりたいことをやっているとき、そして自分が心から大切に思う人たちといっしょにいるときにある。自分の人生を自分でコントロールできていると思うとき、自分の価値観や目標が人生と一致していると感じるときに、心は安らぎをおぼえるものだ。安らぎを感じるために、自分の心の声を聞き、内なる「静かな、小さな声」を信じよう。

最後に、**自分の人生哲学を身につけるうえで、時間そのものを管理することはできないと心にとめておいてほしい。**人が管理できるのは自分だけである。自己管理とは人生の管理である。自制心や自己鍛錬が必要だ。そして、自分を管理する姿勢や規律は、日々の反復や心がけによって身につく技術である。

生きているかぎりずっと、自己管理を心がけなくてはならない。自己管理はひとつの習慣であり、鍛錬であり、なんであれ自分が実現したいと思うことに必要なものである。自己管理の技術と日々の努力があれば、限界はないのだ。

人生は誰にとっても楽なものではありません。しかし、それがなんでしょう？　わたしたちは忍耐力を持ち、何よりも自分を信じなくてはいけません。自分には才能があると信じなくてはなりません。そしてこの才能を生かすことこそ、どんなにコストがかかろうと、必ずやり遂げなくてはならないのです。

——マリー・キュリー（物理学者・化学者）

金があり、金で買えるものを持っているのはよいことだが、ときどき金では買えないものを失っていないか確認してみるのもよい。

——ジョージ・H・ロリマー（編集者）

## 人生をつねに自分でコントロールする 5つの方法

●**方法1 ふたつのタイプの時間を使い分けよう**

仕事と家族では、要求される時間の性質が異なる。仕事は時間の「質」を要求する。仕事中は優先順位を定め、自分を律して、より効率的に時間を使わなければならない。家庭においては、時間の「量」が求められる。長い時間、途切れのない30分、60分、90分、またはそれ以上のまとまった時間を求められる。心をひらき、関係を深めるには充分な時間が必要だからだ。急いで大切な人間関係を築くことはできない。もちろん、効率のいい家族生活というものもない。

●**方法2 自分の体を管理しよう**

健康のために時間を投資して、人生のバランスをとろう。たとえばウォーキング、ランニング、水泳、ゴルフもいい。体じゅうのすべての関節や筋肉を毎日動かそう。健康で、いつでもベストの状態で行動できるように、週に3回はエクササイズをしよう。もし忙しすぎてエクササイズをする時間がないと感じるなら、その人の生活はバランスを欠いている。仕事中にときどき体を伸ばしてみよう。散歩に出かけるなどして休憩したり、そして姿勢を変えてみたりしよう。昼間のうちに少し歩くと、午後は注意力が増して、効率よく働けるものだ。

●**方法3 精神的なエネルギーの質を高めよう**

たとえば早く寝て、よく眠ると決めれば、自分の毎日の「質」に影響を与える。しっかり休んでいれば、眠りが足りずに疲れているときよりも、質の高い仕事をやり遂げられる。しっかり休みがとれていれば、よりよい判断をくだせて、よりよい結果につながる。疲れていれば、愚かな判断や誤解をして、修正が必要になったりやり直さなくてはならなくなるかもしれない。それには多大なコストも時間もかかる。疲労は時間の大きな浪費である。

**●方法4　活力を保つために正しい食事をとる**

何をいつ食べるかは、活力を維持するうえで大きな意味を持つ。質の高い朝食と昼食をとれば、1日じゅう頭が冴えている。創造的になり、自信も持てるだろう。適切な食事をとれば、よりよい判断ができ、よりよい結果が得られる。砂糖や塩、脂質を避けて、食べすぎない食生活を心がけよう。

**●方法5　休養とリラックスを欠かさない**

生活のバランスを保ち、リラックスするために使う時間も必要である。ときには「何もしないこと」こそ、何よりも大切な場合もある。週に少なくとも1日か2日は休みをとり、仕事に関係することは何もしないと決めよう。心おきなくのんびり過ごせる時間を確保しよう。

夫・妻や、子どもたちといっしょに散歩をしよう。友人とでもいい。くつろいだり、考えごとをしたり、過去を振り返る時間をとって、自分の目標や優先順位を修正するのだ。日々の行動が自分の信念にかなっているか、自分の目標と優先順位が価値観と合致しているかを確認しよう。

## オンリー・ワンになるための２つの方法

**●方法１　自分が人の規範であると考えてみよう**

時間や人生を管理する哲学を身につけるために、自分自身を他人のロールモデルとして考えるといい。部下にとって、同僚にとって、上司にとって、自分こそが有能な人間のよい見本であるかのようにふるまうのだ。もちろん、家族に対してもだ。他人が自分を有能な人間の手本として見ていると想像してみよう。自分こそが、人生の手本とされていると想像してみよう。何をするときも、他人にすみずみまで観察されていると意識してふるまうのだ。すると、誰も見ていないと思っているときよりも自分を律して、日常の行動をコントロールできる。

**●方法２　自分なりの価値観を持とう**

人生や生活のバランスを保つために、自分にとって何が大切なのかをつねに考えよう。自分の目標や日々の行動が自分の価値観と合っていれば、いつでも幸せな気持ちでいられるだろう。

# おわりに

世の中には能率主義を第一にかかげた仕事術の本があふれているが、ほんとうに役立っているのだろうか。優れた仕事術とは、人生の目標を実現し、満足できるすばらしい人生をつくりあげてくれる道具である。また、あなたを現在地点から目標地点まで運んでくれる乗りものでもある。無駄のない優れた仕事術を身につけることができれば、あなたはなりたいものになることができ、やりたいことをやれるようになるのだ。

本書は、時間管理をメインテーマとした仕事術の本である。じつは、効率的で優れた仕事を成し遂げるために必要なことは、それほど多くはない。本書で、何度も同じことを角度を変えて繰り返し語っているのも、それらのことがとても重要なことだからだ。

この仕事術をマスターするかどうかは、あなた自身の選択の問題でもある。有能になることを選んでもいいし、いいかげんに生きることを選んでもいい。また、いちばん価値のある仕事に集中することを選んでもいいいし、人生にあまり意味をなさない活動に時間を費やすことを選んでもいい。人にはつねに選択の自由があるということだ。だが、幸福な人生を手に入れたいと考えるのであれば、ぜひ、本書の内容を実践してほしい。

多くの人は認めたがらないが、外から見える生活は、あなた自身の内面を映しだす鏡でもある。もし世の中で起こるできごとを変えたければ、まず、自分の内側の世界を変えなければならない。そして、自分の内面は自らの力で完全にコントロールできるものなのだ。

本書で学ぶことを実践すれば、これまでより毎日2時間多く時間を生みだせるようになるだろう。考えてみてほしい！　毎日あと2時間あったら、何ができるのかを。どんなプロジェクトを始め、達成することができるのか。2時間増えた時間でさらに何ができるだろう。

1日2時間増えれば、ウィークデイを5日間働いたとして週10時間になる。1年に50週働くとすると、合計で500時間増えることになる。週に40時間働いている人ならば、500

時間増えるということは、1年に12週増える計算になる。これは、ほぼ3カ月分の仕事時間に相当する。

生産性があがれば、いままで以上の成果も得られるようになる。1日に2時間増えるということは、1日8時間働く人にとっては25％分の労働時間に相当する。結果として生産性を25％高められるのならば、収入もそれに準じて増えていくだろう。

また1日2時間を新たに生みだせば、仕事やプライベートを変えることができる。

自分が自由に使える時間が増えると、ストレスも減る。仕事や私生活を、よりコントロールできているという感覚が身につくようになれば、以前より幸福を感じ、自信に満ちてくる。その結果、より積極的で魅力ある人間にもなれるだろう。

自分の時間や人生をコントロールできるようになると、家族と過ごす時間や自分自身のために使う時間が増える。今までより長い時間を友人と過ごしたり、余暇に使ったり、自分の可能性や仕事上の能力を高めるために活用したりできるようになる。1日に2時間増えるだけで、さまざまな可能性が広がるのだ。

わたしは25年にわたって500社以上でコンサルティング業務をしてきた。その結果、ビジネスで成功する人にはひとつの共通項があることを発見した。彼らはいつでも時間を効率的に使うことに重きをおいていたのだ。

優れた仕事術なしには、成功はありえない。無秩序に生活している人は、幸福で充実した人生を送れないのだ。仕事の管理とは、すなわち人生の管理そのものなのである。

＊本書は２００５年４月にアスコムより刊行された単行本「頭がいい人、悪い人の仕事術」を新書化しました。
編集協力―坂本久恵

# 逆転《ぎやくてん》の時間力《じかんりょく》

## 無理なく成果が出るムダゼロ仕事術

2009年2月28日 初版第1刷発行

著者
ブライアン・トレーシー

訳者
片山奈緒美《かたやまなおみ》

発行人
鈴木徹也

発行所
株式会社ヴィレッジブックス
〒108-0072 東京都港区白金2-7-16
電話 03-6408-2325(営業) 03-6408-2323(編集)
http://www.villagebooks.co.jp/

印刷所
中央精版印刷株式会社

ブックデザイン
鈴木成一デザイン室


ISBN978-4-86332-129-8
Printed in Japan